中小学校园心理危机

ZHONGXIAOXUE XIAOYUAN XINLI WEIJI

SHIBIE YU GANYU

CAOZUO SHIWU

识别与干预

操作实务

邱许超　等　著

浙江工商大学 出版社
ZHEJIANG GONGSHANG UNIVERSITY PRESS

·杭州·

图书在版编目（CIP）数据

中小学校园心理危机识别与干预操作实务 ／ 邱许超
等著． -- 杭州 ： 浙江工商大学出版社，2024．12.
ISBN 978-7-5178-6286-4

Ⅰ．G444

中国国家版本馆CIP数据核字第2024VM3972号

中小学校园心理危机识别与干预操作实务
ZHONGXIAOXUE XIAOYUAN XINLI WEIJI SHIBIE YU GANYU CAOZUO SHIWU
邱许超　等　著

责任编辑	徐　凌
责任校对	韩新严
封面设计	朱嘉怡
责任印制	祝希茜
出版发行	浙江工商大学出版社
	（杭州市教工路198号　邮政编码310012）
	（E-mail：zjgsupress@163.com）
	（网址：http://www.zjgsupress.com）
	电话：0571-88904980，88831806（传真）
排　　版	杭州彩地电脑图文有限公司
印　　刷	杭州高腾印务有限公司
开　　本	880 mm×1230 mm　1/32
印　　张	5.125
字　　数	93千
版 印 次	2024年12月第1版　2024年12月第1次印刷
书　　号	ISBN 978-7-5178-6286-4
定　　价	49.00元

序

"老师，您要知道，您曾是我视野中唯一的光，但现在不是了，现在有好多束五颜六色、来自四面八方的光，我看到啦！我会一直记得，您是我的救命恩人。感谢，感恩！"

——一名高三学生的来信

这是几年前一个孩子来信里的内容。看到这段话，我的心里暖暖的，也深深地意识到心理老师肩负着重大的责任。我们团队里的每位老师一直肩并肩不断前行，努力为这些身处灰暗中的孩子寻找光源，让他们重见绚丽多彩的世界，但这个过程是艰难的。值得庆幸的是，我们一直在前行，从不畏惧挑战和困难。

依稀记得几年前与这个孩子面谈后，我们一遍遍说服她接受专业的诊疗，跟家长、班主任反复沟通如何为这孩子提供更充分的支持，召开校内研判会，明确孩子的问题性质和安全风险，进行多方会谈明晰各方的干预重点，通过医教结合，整合最充分的资源。经过2年的努力，这个孩子逐渐回归正轨，顺利完成高中学业并进入理想的大学。在帮助这个孩子的过程中，我深刻地感受到仅靠一方的力量是不够的，需要整合各

1

方面的资源。同时，我发现没有清晰的工作流程，同样不利于工作的顺利开展。这样的情况不是个例，而是广泛地存在于各个学校，所以我们团队一直在构建一个规范的、专业的操作范式，旨在为一线的心理教师和班主任提供参考。

一线的心理老师、班主任在实际工作中，面临的最大的问题是怎样做好危机预防、如何识别危机学生、要做什么、怎么做、谁来做。对这类孩子进行干预时，我们越发感受到给每个问题写出精准明确的答案的重要性。于是，我们心理团队期望能够撰写一份专业的操作手册，帮助班主任明晰在日常的班级管理过程中做哪些工作可以预防学生心理危机发生，帮助一线的心理老师精准地识别存在心理危机的学生并清晰地知道针对存在心理危机的学生该做什么、怎么做，从而第一时间整合各方面资源，帮助学生迅速进入干预流程。希望我们团队的梳理能给一线的心理老师和班主任一些参考，也让大家了解更多解决问题的方法。在实际工作中，存在心理危机的学生具有独特性，家庭的支持力度也存在巨大的差异，各种需要整合的资源也存在不确定性。尽管依旧困难重重，但我们为问题的解决提供了一个清晰的方向，可以朝着这个方向不断努力。

感谢我们团队中的每一个人。在应对困难时，大家总能相互支持、相互温暖；每一次案例督导活动，大家总能碰撞出不一样的火花，让我们有更多的勇气在这条路上前行。

感谢杭州市儿童青少年心理诊疗（促进）中心王奕權主任为我们团队提供专业的指导，让我们对医教结合模式有了更深入的探索，能够最大力度地整合教育资源和医疗资源，更好地帮助学生解决心理危机。

感谢学军中学教育集团校领导和各位同事对学校心育工作的高度重视与大力支持，鼓励我校心育团队在育人之路上不断前行。

最后，殷切期望我们团队能够在心育之路上继续育人、育己，繁花满路！

刘玉霞

于杭州学军中学海创园学校

2024 年 8 月

目　录

第一章
概念解读

　　中小学生正处于身心发展的重要时期，随着生理的发育、心理的发展、社会交往与环境的日益复杂及思维方式的变化，他们在学习、自我意识、情绪调节、人际交往和职业生涯发展等方面，会遇到各种各样的心理困扰或问题。[①] 如果这些困扰或问题不能得到顺利解决，学生便可能产生心理危机，从而危害他们的身心健康甚至危害生命。所以，学校心育和德育工作者需具备充足的专业知识，学深悟透学生心理危机筛查与干预的各种实操技巧，加强思想重视，筑牢校园心理健康的第一道"防护墙"。本章将对学生心理危机的一系列相关概念进行解读。

---

① 中小学心理健康教育指导纲要 [Z]. 中华人民共和国教育部，2012.

第一节 什么是心理危机

一般来说，危机有两个含义：一是当个体遇到如火灾、地震、海啸等突发事件而引发的紧急情境；二是当个体遭遇重大改变或困难时感到超出个人应对能力，从而打破个体的平衡状态，引起混乱、不安，进入失衡状态。[①]

心理危机指的是个体在遭遇突发事件或重大困难时，无法回避又无法利用现有资源和惯常应对机制解决而产生的心理反应，往往将出现认知、情感和行为上的功能失调，从而影响个体的生活质量。如果不能得到很快控制和及时缓解，就可能产生心理健康问题，严重的会导致心理疾病，甚至造成终生的困扰。

在学校心理危机工作中，可将学生心理危机分为一般心理危机、严重心理危机和重大心理危机三类，严重程度从轻到

---

① 钱铭怡. 心理咨询与心理治疗 [M]. 北京：北京大学出版社，1994.

重。具体表现如下：

（1）一般心理危机。学生面对由学业、情绪、人际等现实问题，产生的持续时间较短、并未泛化、不严重破坏社会功能的心理不健康状态。对于此类学生，学校应给予一般关注。这部分学生的问题严重程度较轻，往往能通过一定的心理支持与辅导得到缓解。

（2）严重心理危机。学生遭遇突发重大家庭变故（如亲人离世、父母离异等）、重大困难（如重大考试、人际冲突等）或突发性创伤事件（如目睹同学自杀、自然灾害等）而产生的持续时间较长，有明显心理、情绪、行为异常的状态，其社会功能受到严重的破坏。此类学生属于需要重点关注的对象，需要班主任持续关注及心理教师定期回访。

（3）重大心理危机。重大心理危机指的是患有严重心理障碍或精神分裂症并已确诊的学生、自杀未遂或有自杀倾向的学生，以及有攻击伤害他人意念或行为的学生的危机状态。此类学生属于心理高危群体，随时有可能发生心理极端事件、带来安全隐患，学校需对此类学生给予重点关注。

第二节 心理预警级别及应对预案

我们根据心理危机的严重程度，也就是按照心理危机的等级，解释梳理了一般心理危机、严重心理危机和重大心理危机。根据不同的心理危机等级，学校应对对应相应的预警级别，并确定应对预案（表1-1）。

表1-1 校园心理危机等级对应预警级别及应对预案

心理危机等级	心理危机预警级别	心理危机应对预案
一般心理危机	一级预警	班级-年级 二级跟踪管理制度 动态跟踪、评估
严重心理危机	二级预警	班级-年级-校级 三级跟踪管理制度 转介、动态跟踪
重大心理危机	三级预警	班级-年级-校级-医院 四级跟踪管理制度 重点警戒、保障安全

一、一级预警（一般心理危机）

对于存在一般心理危机的学生，学校应采取二级跟踪（二级指的是班级与年级）管理制度，在班级和年级层面上进行备案，班主任应定期了解并向年级组汇报这类学生的情况。在班级管理过程中，班主任、任课教师及心理委员应对相关学生的情况保持关注，以随时发现他们的心理变化，同时，班主任应时常与这类学生进行一对一重点谈心，并定期与这类学生的家长进行沟通，必要时可上门家访，了解学生在家里的状态。此外，心理教师应与班主任保持沟通，定期了解这类学生的情况，在学生自愿的情况下提供心理辅导与支持。

二、二级预警（严重心理危机）

如果学生经学校心理评估小组评估，被认为可能存在严重的心理问题，则需要通过班主任及时联系家长到校，并由心理教师牵头启动多方会谈，告知学生现阶段的心理健康状况与严重程度，同时建议家长尽快带学生到医院接受专业的评估与诊断。

学校对此类学生应给予重点关注，采取三级跟踪（三级指的是班级、年级和校级）管理制度，在班级、年级和校级层面上进行备案。对于此类学生的情况，班主任应定期向年级组和心理教师汇报，年级组汇总后向德育分管校级责任人汇报。对于已经转介的学生，班主任应与家长保持联系，及时了解学生的就诊情况，如后续确诊，可结合医生建议及学生的具体情况，采取两种方式：一是学生情况支持边治疗边继续学业的，学校应与家长签订《安全责任承诺书》（见附录1），要求家长确保学生定期复诊、按照医嘱服药等。心理教师定期与此类学生进行心理辅导，提供帮助；二是学生生命安全在校无法得到保障或其心理健康情况不适合正常学习的，可办理请假或休学手续，回家休养或入院接受治疗。

三、三级预警（重大心理危机）

存在重大心理危机的学生，其生命健康与安全可能无法得到妥善保障，也可能对他人的生命健康与安全产生威胁。所以，对于此类学生，学校应重点警戒，严防发生心理极端事件。同时应注意的是，存在严重心理危机的学生一旦经专业三甲医院专科确诊，其预警等级便由二级预警上升为三级预警，应按三级预警的应对预案执行。

对于预警等级为三级预警的学生，可根据其具体情况安排以下几种应对方案：

（1）确诊患有严重心理障碍或精神分裂症的学生。 对于此类学生，如经医生评估其有能力继续学业、学校生活有利于其康复且本人继续学业意愿强烈的，学校应与家长签订《安全责任承诺书》（见附录1），要求家长确保学生定期复诊、按医嘱服药、接受心理治疗等。与学生本人签订《不自我伤害契约书》（见附录2），要求学生做到不自我伤害或在有自我伤害意念时积极寻求外界帮助。心理教师、班主任应密切关注此类学生的情况，每周一次对该生进行回访，跟踪其治疗及康复情况。心理教师应做好一生一档，每次回访完抓紧完成档案更新，并将心理教师对学生的辅导情况及时反馈给班主任，对于需要家校合作的部分，应及时与家长联系。如在校内发生突发紧急情况，班主任应立即上报学校危机领导小组，启动危机预警方案，第一时间通知家长到校接回。若家长不能及时到校，可请家长授权的亲戚代为接回，班主任必须做好当面交接工作。

如经医生评估不适合继续学业的，应将情况的严重性明确告知家长，并建议家长理性对待，让孩子尽快接受专业的心理治疗。如有必要，可凭医院开具的证明办理休学，在家休养或入院接受系统治疗。办理休学的学生后续需经心理教师评估后方可按照复学流程返校。

（2）**自杀未遂或有自杀倾向的学生。**对于实施了自杀行为的学生，应立即将其送往附近医疗机构进行治疗，保证其生命安全，并第一时间联系家长。同时，学校应保护好现场，并做好人员疏散和隔离工作，防止事态扩散，做好目击学生和老师的安抚和心理疏导工作，并积极寻求司法机构介入，帮助调查取证。

对于自杀未遂的学生，学校应立即通知家长到校。经相关部门或专家评估后，如住院治疗有利于其康复的，应将该生及时转介至专业精神卫生医疗机构进行治疗；如在家休养有利于其康复的，应协助家长办理好休学手续。

同时，为避免产生舆情，一旦发生此类事件，学校应立即向上级教育主管部门报告，做好情况说明。

（3）**有伤害他人意念或行为的学生。**此类学生一经发现，应及时上报学校学生管理部门，对其进行隔离管理，并由心理教师进行评估或转介至专业医疗机构进行评估与诊断，根据评估意见进行相应处理。

第三节　心理危机筛查与干预

一、心理危机筛查与评估

心理危机有时具有隐秘性，很难从学生的外表观察出来。为了保障校园安全、维护学生的身心健康，学校每学期开学初都应安排学生开展心理危机筛查与评估，识别目标学生。

心理危机筛查与评估是指通过各方（如心理教师、班主任、任课教师、家长等）参与，利用专业量表（可采用的量表详见第二章第一节的内容）及一对一访谈等手段对学生心理危机情况进行识别的过程，目的在于定位可能存在心理危机的学生。注意，学校心理危机筛查的结果并不能作为转介的直接证据，应结合心理教师的评估情况来判断学生是否有转介的必要。所以，心理危机筛查与评估的流程应该是先筛查、后评估，再视具体情况安排干预方案。

二、心理危机干预

经筛查与评估，对于可能存在心理危机的学生，学校应采取不同的干预手段，给予学生充分的心理援助，尽最大的努力帮助学生尽快摆脱困境，避免消极事件的发生。

在校园心理干预过程中，以下几个主体扮演着不可或缺的重要角色：

（1）**心理教师**。心理教师是心理危机干预工作中的重要实施者与组织者，在干预方案的制订上起主导作用，在干预的全过程中应保持专业性。

（2）**班主任**。班主任是观察学生动态变化的最佳人选，也是家校沟通的桥梁。班主任应及时了解并将学生在校、在家的情况汇报给心理教师及相关领导（情况严重时可直接汇报给分管校长），确保信息畅通速达。

（3）**年级组长**。年级组长应对本年级心理预警学生有充分的了解，从年级组层面为学生、家长提供建议，同时也为班主任、心理教师的工作提供支持。

（4）**德育分管领导**。德育分管领导在学生心理危机干预工作中应起到督促和指导作用，负责督促校内研判会和多方会谈等重要会议的顺利开展，并从学校层面提出建议和指导意见。

（5）**家长。**家庭是孩子最坚强的后盾。在干预过程中，家长应积极配合学校，提供孩子在家的表现情况、就诊情况、治疗情况等信息，以及其他一些相关情况（如家族病史）等。除了提供信息，家长应提供充分的情感支持，帮助孩子渡过难关。

（6）**医生。**医生在评估、诊断、治疗、康复等方面提供专业的意见和建议。

（7）**其他社会资源。**其他社会资源如各县（市、区）的心理热线电话和咨询服务、各级教育指导部门组织的家庭教育工作坊等，可以为心理危机学生及其家庭提供帮助。

心理危机干预方案的实施需要各方合力，以达到最大的援助效果。

第二章
校园心理危机筛查工作方案

　　制订科学高效的学生心理危机筛查工作方案不仅是必要的,而且对于提升学校管理水平、保障学生权益及构建和谐校园都有着深远的意义。工作方案的制订需要将静态筛查和动态筛查相结合。所谓的静态筛查就是精准定位隐患。每学期初,学校心理辅导站会联合年级组开展全员心理普查,犹如开展一次大规模的学生心灵体检,不仅给学生现阶段整体心理健康状况"拍下快照",也为后续采取具体的预防和干预措施奠定了基础。动态筛查即捕捉细微涟漪。班主任作为学生的重要他人,不仅是知识传授者,更是学生成长道路上的引导者和支持者。通过细心观察、及时沟通和专业协作,班主任可以在早期发现问题时,及时采取积极行动,比如在学期中开展重点学生谈心，在假期中进行重点学生家访等，为学生的心理健康保驾护航。通过系统的筛查工作，可以及早识别出可能面临心理危机的学生，及时展开初步评估，并提供必要的支持和干预，更有效地保障学生的身心健康，维护校园的安全与和谐。

第一节　学生心理危机筛查工作方案
——以杭州学军中学为例

　　每学期开学初，学校需要组织学生开展全员心理普查与危机筛查工作，此项工作由心理辅导站牵头，年级组和班主任配合落实。学生心理危机筛查主要有两种形式：一种是通过心理普查的形式开展；另一种是班主任通过观察、信息收集进行心理危机筛查。两种形式的筛查结果相互补充、相互验证，使得这项工作更加全面、有效（图2-1）。

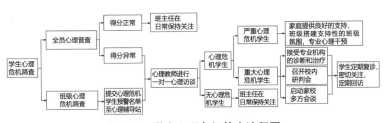

图2-1　学生心理危机筛查流程图

一、筛查时间

每学期开学初，在学校德育部门的支持下，心理辅导站组织开展学生心理危机筛查工作。

二、筛查方式

学生心理危机筛查的方式主要有两种：全员心理普查和班级心理危机筛查。

（一）全员心理普查

1. 心理普查的工具

学校可采用的心理危机筛查工具包括中小学生心理健康诊断测验（Mental Health Test，以下简称 MHT）、90 项症状清单（symptom check list 90，以下简称 SCL-90）等。

中小学生心理健康诊断测验（MHT）根据日本铃木清等人编制的"不安倾向诊断测验"修订而来，从焦虑情绪所指向的对象和由焦虑情绪而产生的行为两方面测定，全量表共有100 个项目，由 8 个内容量表构成，即学习焦虑、对人焦虑、孤独倾向、自责倾向、过敏倾向、身体症状、恐怖倾向、冲动倾向和效度量表。对总焦虑倾向 65 分以上者必须进行个人诊断，制订指导计划。

SCL-90 由 90 个问题组成，分为 10 个分量表，分别测查心理卫生的 10 个方面，即躯体化、强迫症状、人际关系敏感、抑郁、焦虑、敌对、恐怖、偏执、精神病性、其他。量表采用李克特 5 级评分，1—5 分别表示"从无""轻度""中度""偏重""严重"。总分超过 160 分、阳性项目数超过 43 项或任一因子平均分超过 2 分，均可考虑筛查阳性，需进一步检查。

当学生 MHT 或 SCL-90 得分异常时，在心理教师与学生开展一对一访谈过程中，可根据学生个体情况，酌情使用 PHQ-9（Eysenck Personality Questionnaire）对学生施测，进一步评估学生的心理危机状况。若 PHQ-9 总分大于 10 分且项目 9 得分大于 1 分，则初步评估为一般心理危机；若总分大于 15 分且项目 9 得分大于 1 分，则初步评估为严重心理危机。

2. 心理普查的对象

每学期心理普查的对象为全校学生。

3. 心理普查的形式

心理普查可通过三种形式开展：

第一种形式为纸质心理测试。向学生分发问卷和答题卡，学生通过填涂答题卡作答，完成作答后回收每一份问卷和答题卡，并对答题卡进行计分。

第二种形式为电脑在线测试。通过安排学校机房，学生在线完成心理测试，并及时提交测试数据至线上平台。

第三种形式为应用科技产品测试。通过人脸扫描、智能手环、游戏测试等智能产品进行测试，可根据实际情况按需选择。

4. 心理普查的结果分析

根据心理普查的得分情况，对普查结果进行分析，对学生进行分类干预。

对得分在正常范围内且不存在明显心理困扰的学生，班主任应在日常管理中保持关注。

对得分在正常范围内，但存在某方面的心理困扰，如学习焦虑、对人焦虑、敌对情绪等的学生，班主任应对其开展一对一谈心工作，了解其具体的心理困扰，并提供有针对性的帮助和引导。若班主任在谈心过程中，发现学生的心理问题较为突出，则转介至心理老师进行一对一访谈。班主任在一对一谈心过程中，根据学生的情况，确定干预对策（表 2-1）。

表 2-1　学生心理状态对应班主任干预对策表

学生心理状态	班主任干预对策
无明显情绪困扰	保持一般关注， 提醒学生在需要时及时求助
一般情绪困扰	明确引起情绪困扰的具体因素， 针对具体因素，跟学生探讨如何解决
严重情绪困扰	引导学生合理看待诱发事件； 告知家长具体情况，提醒家长高度重视并积极引导； 根据需要，提供其他支持
可能存在心理危机	转介至心理老师进行二次评估； 及时将危机可能性告知家长； 在班级里密切关注学生的心理动态，提供充分支持； 提醒学生在需要时及时求助

当学生 MHT 或 SCL-90 测试得分处于异常水平时，安排学生与心理教师进入一对一访谈，在访谈的过程中可视具体情况辅以 PHQ-9 量表施测。需要注意的是，PHQ-9 不适合用于大面积筛查学生的整体心理健康状况。

（二）班级心理危机筛查

1. 班级心理危机筛查的方式

班主任根据本班实际情况确定筛查方式，主要通过任课教师、心理委员、学生干部、寝室长等深入了解学生的情况，结合家访了解到的情况，筛选出可能存在心理危机的学生。

2. 班级心理危机筛查的重点

有以下 13 种表现或问题的学生，可以初步认为其存在心理危机：

（1）直接或间接提出要自杀或结束生命；

（2）既往有自杀未遂史或家族中有自杀者的；

（3）遭遇突发事件而出现心理或行为异常的，如家庭发生重大变故、遭遇性危机、受到自然的或社会的意外刺激；

（4）患有严重心理疾病的，如抑郁症、恐怖症、强迫症、癔症、焦虑症、精神分裂症、情感性精神病等；

（5）身体患有严重疾病，个人很痛苦，治疗周期长的；

（6）学业压力过大、学习困难而出现心理异常的；

（7）个人感情受挫后出现心理或行为异常的；

（8）人际关系失调后出现心理或行为异常的；

（9）性格过于内向、孤僻，缺乏社会支持的；

（10）严重环境适应不良导致心理或行为异常的；

（11）家境贫困、经济负担重、深感自卑的；

（12）由于身边同学出现个体危机状况而受到影响，产生恐慌、担心、焦虑、困扰等情绪的；

（13）其他有明显情绪困扰、行为异常的。

3. 班级心理危机筛查后工作

完成筛查后，班主任将筛查结果和干预情况记入《学生心理危机预警登记表》（见附录3），签名后交给年级组长，年级组长汇总后交给心理教师。若班级有特殊情况，班主任可与心理教师进行一对一交流。心理教师根据学生情况，安排学生进入一对一访谈环节。

三、心理危机筛查后干预措施

（一）心理教师开展一对一心理访谈

根据心理普查和班级心理筛查的结果，心理教师对可能存在心理危机的学生进行一对一心理访谈，进一步评估学生的心理健康状况。一对一心理访谈的内容包括四个部分：第一部分，具体事件、实时心情；第二部分，一般状态；第三部分，感知与应对方式；第四部分，支持系统。根据这四个部分的内容评估学生的心理问题症状水平、社会功能受损情况、社会支持系统和心理危机的风险程度。心理访谈工作需及时完成记录并对原始稿进行留档（见附录4）。

根据访谈情况，明确学生的心理危机情况，并确定学生的心理危机类别，根据类别进行相应的干预。

（二）根据学生心理危机类别进行相应干预

1. 对存在严重心理危机的学生的干预

对存在严重心理危机的学生，心理教师在了解学生的情况之后，征得学生同意，将学生的情况反馈给班主任和家长，说明学生心理问题的严重性，引起班主任和家长对于学生心理问题的高度重视，了解学生心理问题的来源，让班主任和家长在日常生活中加强对学生的引导，帮助学生面对引起心理问题的刺激事件，搭建良好的家庭和班级支持系统。

若涉及严重的家庭问题，也可启动家校会谈，商讨具体的干预方案。存在严重心理危机学生也可接受专业心理干预，心理教师定期对学生进行心理辅导。

2. 对存在重大心理危机的学生的干预

对存在重大心理危机的学生，干预步骤如下：

（1）专业评估和诊断。对于被初步评估存在重大心理危机的学生，若学生已经在校外专业机构就诊和治疗，则要求家长提供就诊的相关资料，以便明确学生心理障碍的类别、程度及治疗方案；若学生尚未就诊，则由班主任联系家长，第一时间带孩子到专业机构就诊、接受专业评估，在必要情况下接受进一步的治疗，并将就诊和治疗情况反馈给心理教师。

（2）召开校内研判会。学生经过专业诊断和评估后，若确实存在重大心理危机，则由心理教师召开校内研判会，心理教师、班主任、分管领导参加本次研判会，在会上沟通学生心理问题的严重程度、家校干预的重点、家校多方会谈的会谈内容，以及需要达成哪些共识。

（3）启动家校多方会谈。校内研判会之后，由班主任邀约家长到校开展家校多方会谈，学生主要监护人（一般为父母双方）、班主任、心理教师、年级组长、学生处主任、分管校长参与本次家校会谈，在会上明确各方的工作重点及家校合作的干预方案，为学生提供强有力的支持。

根据学生心理问题的严重程度，经过校内研判和家校会谈，明确学生是否适合继续在校学习：若继续在校学习，家校各方应根据商讨的结果给予充分关注和支持，定期复诊，心理教师定期关注并提供力所能及的心理辅导；若认定学生存在较高的安全风险或不良的情绪状态，导致学生无法在校学习的，班主任应协助学生办理请长假或者休学手续，学生接受专业治疗，至此进入休学流程。

第二节　重点学生家访工作方案

　　家访是推动家校共育的有效机制。设计面向特定学生的重点学生家访工作指引表（表2-2），有助于了解学生的心理健康情况，包括生活状态、学习压力、家庭关系、同伴关系和情绪状态等。作为家访的实施者、亲历者，任课老师、班主任和心理教师常面临"对谁家访、何时家访、如何家访"的问题。

　　本节内容参照了《浙江省中小学心理健康家访与干预工作指引》及部分中小学现有的工作流程，旨在为重点学生家访工作提出一些建议与意见。

表2-2　中小学重点学生家访工作指引表

对象	对象描述	家访内容	家访时间	家访实施者
新生	所有起始年级学生	了解其前期学习、人际交往、家庭生活及在新学校的适应情况，及早提供必要的支持	每年秋季开学前后	任课老师

（续表）

对象	对象描述	家访内容	家访时间	家访实施者
转校生	从另一所学校转入的学生	了解其转学前的学习与家庭生活情况，帮助其尽快适应新环境	入校前一周及入学后一个月内	班主任
六类重点学生	各类有精神疾病，有严重心理问题，存在明显性格偏差，严重网络成瘾，严重亲子关系不良，休学在家的学生	及时了解学生的心理动态与就医情况，做好心理帮扶工作	每学期1次（寒暑假各1次）	班主任、心理教师
复学学生	中途停学一段时间后重返校园的学生	了解其停学期间的心理健康状况、生活情况和就医情况，掌握其复学相关条件的具备情况，帮助学生做好复学准备；关注复学后学生的学习与情绪状态、家庭生活等	入校前一周开展1次家访，复学后第1个月内开展1次线上家访	班主任
其他需重点关注的学生	近期遭遇过失去亲人、家庭变故等重大家庭生活事件的学生，以及涉及其他高风险行为的学生	提供必要的心理支持服务	事件发生后立即开展至少1次家访	班主任、心理教师

一、新生家访

（一）时间与频次

任课老师需在每年秋季开学前后对所有起始年级学生开展入户家访。此项心理健康家访工作结合常规家访开展。

（二）流程

一般家访工作包括家访前、家访时和家访后三个部分（图 2-2）。家访前需确定家访对象，收集相应的家访信息并确定家访目标。新生家访主要采用基于学生成长的专题式调研，建立学生档案。家访目标是了解学生前期学习、人际交往、家庭生活及升入高一级学校后的适应情况，尽早关注有潜在心理问题的学生。家访时教师需注重家访礼仪、关注学生的行为状态、了解学生的心理动态、掌握新生之前的校内外生活情况，并提供家庭教育指导。新生家访结束后，任课教师需根据了解到的信息，客观填写《任课教师家访登记表》（见附录 5），备注重点关注信息，并注意保护家庭隐私。任课教师若发现突发情况或异常情况，应第一时间反馈给班主任、心理教师和学校主管领导。

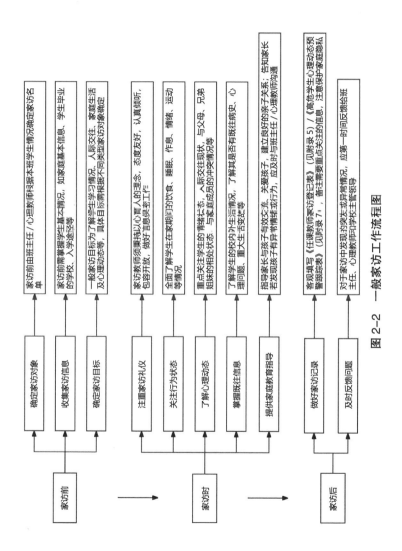

图 2-2　一般家访工作流程图

（三）指导意见

任课老师在家访期间可以为家长提供如下家庭教育指导（以初中升高中为例）：

（1）帮助家长了解高中阶段的学业要求。介绍高中课程设置、考试制度、升学流程等，为家长提供专业的指导。

（2）提供学习习惯培养的建议。指导家长帮助孩子养成良好的学习习惯，包括时间安排、作业完成、复习巩固等。

（3）分享高中生活适应技巧。建议家长提供陪伴和情绪支持，积极倾听、沟通，关注孩子学业适应与人际关系的建立情况，帮助孩子尽快适应高中生活。

（4）介绍家校沟通方式与渠道。鼓励家长主动关注孩子的学习情况，积极与老师沟通交流。

（5）分享家庭教育指导资源（见附录6），帮助解决家长的教育困惑。

（四）范例

任课教师家访登记表（示例）如下（表2-3），用于记录学生情况。

表2-3　任课教师家访登记表（示例）

教师：××　班级：××　家访时间：××××

学生姓名	××	性别	女	是否为独生子女	是	是否为四类重点家庭	否
毕业学校	××××		家庭地址	××××			
家庭基本情况	家长姓名	联系电话		工作单位			
	×××	××××		××××			
	×××	××××		××××			

学生基本情况

该生近两周因感冒身体状况不佳，睡眠时间不足，入睡较为困难，常有疲劳感。虽然跟同学们相处得还不错，但尚未结识到关系很亲近的朋友。

在家访过程中了解到的学生目前的心理状态及表现

·情绪状态方面：目前情绪状态较为平稳，正在积极适应学校生活。

·躯体状态方面：前段时间因身体不适，经常犯困，打不起精神，睡眠质量差，表现在入睡困难、睡眠时间不足。家长带孩子去医院做了检查，没查出什么特别的问题，医生开了一些常规的药物，现在还在按医嘱服药。

·学习状态方面：虽然学业有些跟不上，但是心态比较积极。目前的想法是先把重要的作业完成，其他量力而行，对自己的学业成绩没有设置什么严格的要求和期待。有自己的学习计划，想要尝试借期中考试的机会查漏补缺。

·人际关系方面：学生在人际交往方面存在烦恼。学生希望交到能够深入交流、倾诉烦恼的朋友，但目前还没找到。在班级里有关系还不错或者比较信任的同学，但经常不知道怎样展开话题，觉得自己缺乏社交能力。

（续表）

·家庭沟通方面：学生经常主动与妈妈沟通，遇到什么事都愿意和妈妈交心。但是妈妈对孩子的关注事无巨细，有时候甚至有些过度，实际上会向孩子传递焦虑情绪。

家访后对该生的教育举措

·老师对学生的人际交往能力表达了肯定。目前学生仍跟许多老朋友保持联系，并且成功地适应了高中的新环境，在新环境中也跟同学们相处得不错，这代表他拥有不错的社交能力，只是因为在学校能深入对话的契机不多，之后可以试试在同学中担任主动发起话题的一方。

·老师建议家长在日常交流过程中多给予学生鼓励，以孩子的身心健康状态为先，给予更多的关注、支持和陪伴，关注孩子的情绪动态，与此同时，积极调整自己的心态，尊重、信任孩子，避免向孩子传递焦虑情绪，不在无形中给孩子施加学习压力。

二、转校生家访

（一）时间与频次

班主任需在转校生入校前一周及入学后一个月内至少开展1-2次入户家访。

（二）流程

转校生家访基本遵循家访的一般流程（图2-2）。家访前，班主任在收集家访基本信息时，还需要了解学生前期所在学校等情况，并通过家访了解学生转学的原因和背景、转学前的学习与家庭生活情况，帮助学生尽快适应新环境。家访时，在了解学生心理动态时，班主任需要关注学生与先前学校同学相处的状态。转校生家访结束后，班主任需根据了解到的信息，客观填写《高危学生心理动态预警跟踪表》（见附录7），备注重点关注信息，并注意保护家庭隐私。班主任若发现突发情况或异常情况，应第一时间反馈至心理教师、学校主管领导。

（三）指导意见

班主任在家访期间可以为家长提供如下家庭教育指导：

（1）帮助家长了解学校的教学理念和教学情况。介绍学校的教学目标、课程安排、考试制度等，以便家长为孩子做好转学准备。

（2）提供适应新校园生活的建议。提醒家长注意帮助孩子尽快融入新的学习环境，包括认识新同学、积极参与课外活动等。

（3）分析转学的心理影响。指导家长如何与孩子沟通，帮助他们平复情绪，顺利度过过渡期。

（4）提供学习辅导方案。了解孩子的学习基础，并给出有针对性的复习建议，帮助孩子尽快适应新的学习节奏。

（5）分享家庭教育指导资源（见附录6），帮助解决家长的教育困惑。

（6）建议家长加强家校沟通，共同推动孩子的发展。

三、六类重点学生家访

（一）时间与频次

班主任、心理教师需以每学期1次（寒暑假各1次）的频率开展面向六类重点学生的家访，针对其中长期请假在家的学生，在特殊节点做到必访。特殊节点包括重大考试（高考、学考等）前夕。

（二）流程

心理教师在学期末梳理各类有精神疾病，有严重心理问题，存在明显性格偏差，严重网络成瘾，严重亲子关系不良，休学在家的学生名单，做到及时上报，并以一对一的形式发给班主任，同时强调保密原则。

六类重点学生家访基本遵循家访的一般流程（图2-2）。家访前，在收集家访基本信息时还需了解学生心理档案记录在册的情况，并通过家访及时了解学生的心理动态与就医情况，做好心理帮扶工作。家访时，在了解学生心理动态时，班主任、心理教师应重点关注学生的就医情况、服药状态、情绪状态（是否存在情绪低落、焦虑、失眠、异常言语、自我伤害等极端行为等）。提供家庭指导时，需强调遵照医嘱定期就诊及心理咨询的必要性；建议家长打造温暖、友好、宽松的家庭氛围，监督孩子按时服药，预防孩子的自我伤害行为，保护其生命安全。六类重点学生家访结束后，班主任、心理教师需根据了解到的信息，客观填写《高危学生心理动态预警跟踪表》（见附录7），备注重点关注信息，并注意保护家庭隐私。班主任若发现突发情况或异常情况，应第一时间反馈给心理教师、学校主管领导。

（三）指导意见

班主任、心理教师在家访期间需增强家长的危机识别意识，以便快速识别孩子的危险信号。危险信号包括但不限于：

（1）睡眠障碍。如严重失眠、睡眠时间异常等，可能是抑郁或焦虑等情绪问题的体现。

（2）情绪持续低落。表现为长期悲伤、无助、易怒等，可能是抑郁症状的体现。

（3）学业大幅下降。突然出现学习成绩大幅下降，可能是情绪或注意力问题导致。

（4）行为异样。如出现自伤行为、旷课、逃避社交等，可能是内心压力及存在心理问题的表现。

（5）自杀倾向。出现自杀想法、自杀计划或自杀行为，应高度重视。

（6）社交障碍。出现明显的人际交往问题，可能是社交焦虑或人格问题的体现。

当出现或疑似出现上述信号时，家长应主动与学校沟通，寻求心理援助。

班主任、心理教师需引起家长对该项问题的重视，了解回避问题的弊端。与此同时，还需向家长传达学校将全力支持家长、共同维护孩子健康成长的坚定态度。

（四）范例

高危学生心理动态预警跟踪表（示例）如下（表2-4），用于记录学生情况。

表2-4 高危学生心理动态预警跟踪表（示例）

班级	××	有无六类特殊学生（选择相应选项打钩）	（ ）无 （ ）转校生 （ ）复学学生 （ ）特殊家庭 （√）特殊心理 （ ）特殊体质 （ ）严重网瘾 （ ）其他特殊情况 ＿＿＿＿＿		
学生姓名	××	性别	女	年龄	16岁
是否确诊或用药	已确诊并在持续用药				
学生目前的状态	目前有明显的抑郁症状（中重度抑郁），长达一年的不健康心理，带药坚持上学，日常活动减少，无兴趣爱好。				

家访了解到该生目前的心理状态及表现	·情绪状态方面：心情低落，伴有焦虑情绪。 ·躯体状态方面：近期食欲下降，肠胃上躯体反应明显，无论吃不吃都要干呕。睡眠质量差，早上起床困难。 ·学习状态方面：学习压力很大，对于自己的成绩浮动，虽然表现出不在意，但其实心里非常在意。喜欢数学，刷数学题会感到很愉快，但又担心试卷改革了，自己成绩也会受影响，对此感到焦虑。 ·人际关系方面：很在意同学对自己的看法，同学的嘲笑也会让她难受很久，在人际交往方面易焦虑。 ·家庭支持系统：家庭氛围良好，日常对于学校生活和自身状态都会进行沟通。父母考虑到学生目前的身心状况，提过不让她参加高考，但学生上学意愿强烈，所以依旧坚持。 ·自伤、自杀意念或行为倾向：否认自伤行为和自杀倾向。
家访后对该生的教育举措	·针对该生现况，心理教师强烈建议家长高度重视该生的心理问题，及时转介至专业的医疗机构进行评估与治疗，并在就医后第一时间向学校班主任、心理教师如实反馈就医结果。就诊期间不能自行中断治疗或擅自停药。 ·班主任平时在校多关注学生的饮食情况，督促学生加强锻炼，多给予关心。班主任会给予学生合理范围内的支持度，例如早上或晚自习的请假休息、周中请假外出复诊，班级内同桌、临近同学的安排，与任课教师沟通适时调整对该生的学业期待、作业量等。 ·在家时父母要多给予关心。在饮食方面，家长可以准备一些零食小吃，尽量让孩子吃一点。即使孩子不愿意，偶尔也需要半强迫，一切为了孩子的身心健康着想。必要时可以带孩子挂营养科辅助科室，去看看在饮食方面有什么可以改进的地方，即便呕吐也要及时补充营养。后续也要加强与班主任的沟通，及时向班主任和心理教师反馈该生治疗情况与在家表现，增进对孩子的关心与支持。

（续表）

家访后对该生的教育举措	·心理教师引导学生"看见"真实的自己。"接纳"真实的自己跟人们通常理解的"接受""躺平"并不是一回事。接纳真实的自己并不意味着不改变自己，而是把改变自己的度量尺从"外界评价"转为"内在价值"。 ·心理教师会在学生自愿的情况下，为学生提供定期的心理咨询服务，帮助学生改善心理状况，并持续关注学生的心理状态，做好档案记录。	
班主任签名	×× 　学校心理辅导站盖章	

四、复学学生家访

（一）时间与频次

班主任需在复学学生入校前 1 周内开展家访，并在复学后第 1 个月内定期线上家访。

（二）流程

复学学生家访基本遵循家访的一般流程（图 2-2）。家访对象为满足复学条件的学生，具体判定标准详见第三章第五节内容。家访前，班主任在收集家访基本信息时还需掌握学生先前在校情况及休学原因，并通过家访了解学生目前的心理状态、就诊情况（复诊、服药情况）和支持系统（家庭氛围、亲子关系、同伴支持等）等信息。家访时，在了解学生心理动态时，班主任应重点关注学生的情绪状态（是否存在情绪低落、焦虑、失眠、异常言语、自我伤害等极端行为等情况）、学习情况、睡眠饮食、人际交往现状等。提供家庭指导时，班主任应帮助家长了解复学学生的特点，解释该生可能存在的心理障碍、学习落差等问题，引导家长正确认识和应对；建议家长以理解、支持的态度与孩子沟通，给予适当的关怀和鼓励；指导家长协助孩子重建学习习惯和生活作息，帮助他们尽快适应校园生活，建议家长与学校保持密切联系，及时了解孩子的学习进度和需求。复学学生家访结束后，班主任需根据了解到的信息，客观填写《高危学生心理动态预警跟踪表》（见附录7），备注重点关注信息，并注意保护家庭隐私。班主任若发现突发情况或异常情况，应第一时间反馈给心理教师、学校主管领导。

（三）指导意见

如果复学学生在校期间出现长期请假的情况，班主任需在重大时间节点对该生进行电话家访，并及时做好记录，上报心理教师。

上报内容包括学生姓名、家访日期、学生能否正常参加学考、家访了解到的该生目前的心理状态及表现（如情绪状态、就诊情况、日常安排、亲子关系、返校意愿等）、对该生的引导干预情况（如提醒家长在期末考、学考前后关注学生的情绪状态，建立融洽的亲子关系）。

（四）范例

心理动态预警跟踪表（供因心理问题休学后重返校园学生使用）（示例）如下（表 2-5），用于记录学生情况。

表 2-5　心理动态预警跟踪表（供因心理问题休学后重返校园学生使用）（示例）

班级	××	有无六类特殊学生（选择相应选项打钩）	（　）无 （　）转校生 （　）特殊家庭 （　）特殊心理 （　）特殊体质 （　）严重网瘾 （　）其他特殊情况＿＿＿＿＿		
学生姓名	××	性别	男	年龄	17 岁
是否确诊或用药	已确诊并在持续用药				
学生目前的状态	该生之前在某医院精神科被诊断为抑郁发作，表现为情绪低落，对学校有恐惧心理，不愿去学校，去学校之后情绪崩溃。经过 10 个月的休学，该生主动提出复学申请，经学校心理咨询中心进行复学评估后，同意该生复学。 　　开学初，该生对于回归学校学习有畏难情绪，没有第一时间返校。进入班级后基本能坚持在校学习，参加考试，但不参加晚自习。个人人际关系正常。				

（续表）

家访了解到该生目前的心理状态及表现	·情绪状态方面：情绪较之前有明显好转，比较稳定。 ·躯体状态方面：饮食正常，睡眠规律。之前因做胆囊结石切除术，术后体重明显上升，身体开始发胖，时常出现喘气费劲的情况，父母也带着做过检查，医生判断为术后正常情况。 ·学习状态方面：略微焦虑，已有最坏的打算，未对学业成绩设置较高的目标，假期在家不太想做作业，虽然时常表达学习压力大，但与以前相比有所进步。 ·人际关系方面：持顺其自然的态度，表示能交到朋友最好，交不到也没关系，安心自主学习，把重心放到学习上。 ·家庭沟通方面：可以和父母顺畅交流，心态平稳。
家访后对该生的教育举措	·班主任持续关注该生在校期间的情绪和心理变化，在班内安排了乐观开朗的同学做他的同桌。班主任鼓励该生积极应对，保持心态平稳，不要着急，在遇到困难时主动向老师或同学求助。班主任不给学生施加过多学业上的压力和要求，在作业方面，根据学生个人情况进行弹性调节。 ·班主任向家长说明孩子返校后在学习和人际交往上可能遇到的困难和情绪问题，提醒家长要有合理的预期，保持心态平稳，不要着急。在孩子的复学适应期，家长要给予更多的关注、支持和陪伴，关注孩子的情绪动态，督促孩子多运动，提醒孩子注意劳逸结合。此外，班主任建议家长在日常交流过程中注意用词，不要让孩子产生不必要的负担。提醒家长与学校、老师保持密切联系，及时向老师反馈孩子的情况。 ·心理教师表示学校心理辅导站会在该生症状稳定并自愿的情况下，提供力所能及的心理咨询服务，做好学生的心理动态跟踪工作，并及时记录备案。
班主任签名　××	学校心理辅导站盖章	

五、其他需重点关注的学生家访

（一）时间与频次

班主任、心理教师需在重大事件发生后立即开展至少1次家访。重大事件包括失去亲人、家庭变故等重大家庭生活事件或涉及高风险行为的学生事件。

（二）流程

其他需重点关注的学生家访基本遵循家访的一般流程（图2-2）。家访前，班主任、心理教师在收集家访基本信息时需掌握学生先前在校情况及重大事件具体情况，并通过家访为学生提供必要的心理支持服务。家访时，应全面了解学生在事件发生后的饮食、睡眠、作息、情绪、运动等状况，重点关注学生的情绪状态（是否存在情绪低落、焦虑、失眠、异常言语、自我伤害等极端行为等情况），了解学生是否有自伤、自杀意念。在家访过程中，班主任、心理教师应主动表达对学生遭受不幸的理解和同情，倾听学生和家长的困难和痛苦，避免简单的责备和判断；建议家长积极寻求学校或专业心理咨询机构的支持和帮助，为其提供相关资源信息；定期与家长保持联系，了解情况变化，并提供持续的支持和指导。家访结束后，班主任、心理教师需根据了解到的信息，客观填写高危学生心理动态预警跟踪表（见附录7），备注重点关注信息，并注意保护家庭隐私。班主任若发现突发情况或异常情况，应第一时间反馈给心理教师、学校领导。

（三）指导意见

在应对重大事件时，班主任和心理教师也需照顾好自己的情绪，避免过度卷入，必要时可寻求校内外专业人员的支持，维护自身健康。

（四）范例

高危学生心理动态预警跟踪表（示例）如下（表2-6），用于记录学生情况。

表2-6　高危学生心理动态预警跟踪表（示例）

班级	××	有无六类特殊学生（选择相应选项打钩）	（　）无 （　）转校生 （　）复学学生 （　）特殊家庭 （　）特殊心理 （　）特殊体质 （　）严重网瘾 （√）其他特殊情况 重大生活事件		
学生姓名	××	性别	女	年龄	17岁

（续表）

是否确诊或用药	否
学生目前的状态	高考前 20 天，该生的外公外婆在高速上发生车祸，外公胸骨骨折，外婆骨裂，二人均可以下地走路，受伤不算特别严重。学生在周六放学回家路上看了车祸现场的照片，受到了很大的刺激，之后开始出现心慌胸闷等问题，家长也因此事件感到焦虑，怕对孩子高考产生负面影响。
家访了解到该生目前的心理状态及表现	·情绪状态方面：情绪表达较少，有一定的应激反应，学生自述产生虚无感和非常大的不确定性。 ·躯体状态方面：发生事件后的前几天晚上入睡较晚，睡眠质量不好。目前还是会有心慌的感觉，在课堂上课时发生得不多，在体育课上较为明显，可能是因为本身在运动。一个人闲下来的时候，这种感受比较强烈，但近日已有所减少。 ·学习状态方面：学生认为目前的状况对学习本身的影响主要在于学习的意义方面，虽然对学习的现实意义如考大学、找工作等有所了解，但觉得找不到更高层面的意义，学习热情减少。 ·人际关系方面：班级的人际氛围较好，下课时同学之间也会聊聊游戏、影视剧，该生也会旁听参与。在宿舍，同学们也会夜聊，对当天发生的事情进行讨论，该生虽然不是核心聊天者，但也会参与其中。 ·家庭沟通方面：最近妈妈会跟外公外婆电话聊天，基本上都是聊家长里短，没有关于车祸的事情。

（续表）

| 家访后对该生的教育举措 | ·班主任与各科教师持续关注该生在校期间的情绪和心理变化，了解到学生近期有一些好的变化发生，给予其正向积极的解释和鼓励，并建议学生尝试探索一些运用身体进行情绪放松的方法（目前更多在认知层面）。
·心理教师向家长建议，青少年拥有较大的心理韧性，可以相信学生的自我调适能力，并提醒家长与班主任、心理教师保持密切联系，及时反馈孩子的情况。
·心理教师帮助学生认识到无常的正常性，建立对其相对的正向认知，引导其在短时间内无须过于聚焦事件本身，试着将注意力转向2周后的高考，帮助其以相对轻松愉快的方式探索社会支持系统和解压方式。学校心理辅导站会在学生自愿的情况下，提供力所能及的心理咨询服务。 | |
| 班主任签名 | ×× | 学校心理辅导站盖章 | |

第三章
家校医合作的干预对策

　　心理健康问题对青少年的生活和学习有着深远的影响，也给家庭和社会带来了诸多挑战。为了更好地帮助青少年应对这些问题，建立学校、家庭与医院三方紧密合作的全方位治疗体系至关重要。通过这种多方协作，我们可以更好地保障青少年的心理健康，为他们的成长和发展创造有利条件。

第一节 心理教师应对策略

一、心理教师在校园心理危机中的角色定位

心理教师作为校园心理危机识别、预防与干预过程中的专业人员和重要力量，是学生心理危机干预的关键人员，承担着重要的任务。心理教师首先要承担校园心理危机的预警与筛查工作，对于需要特别关注的心理高危学生，要与班主任、年级组长、分管校领导等学校有关人员召开校内研判会，协调沟通，核实信息；其次要组织启动多方会谈，家校联手协作，制订干预方案，做好危机预防与转化工作；最后要持续跟进并提供在校心理辅导。心理教师只有明确自己的定位和职责，才能更好地应对实际工作中的各种问题。

二、心理教师关于校园心理危机的工作内容

（一）心理普查与危机筛查

每学期开学初，心理教师要组织全校学生开展心理普查和危机筛查，对心理危机筛查工作中筛选出的可能存在问题的学生进行风险评估。

1. 心理普查

（1）第一轮普查：根据本校学情，建议采用多个量表联合评估（量表可以采用 MHT 或 SCL-90），找出有严重心理问题的学生。

若条件允许，还可以在使用 MHT/SCL-90 的基础上加做 SAS（self-rating anxiety scale）、SDS（self-rating depression scale）或 EPQ（Eysenck Personality Questionnaire），多个量表联合施测，将结果提示均有风险的学生作为下一轮访谈筛查的重点对象。

（2）第二轮筛查：通过个别访谈评估学生的心理危机风险性。

问卷结果提示有严重心理问题的学生在接受访谈前，建议先做 PHQ-9。测试结果中，若 PHQ-9 总分大于 10 分且项目 9 得分大于 1 分，就需要特别关注。在前两轮心理量表筛查的基础上，有心理情绪问题的学生一般就会被发现。但是筛查

出的人数还是偏多。心理教师需要对这部分学生进行一对一面谈，了解学生的真实情况。

心理教师可以使用 PIMPS 自杀风险或《中小学生心理访谈提纲记录表》来与学生开展谈话，进行风险评估。PIMPS 这 5 个字母分别代表 5 个因素，即 Plan（计划）、Intention（意图）、Means（方式）、Prior attempts（过往尝试）、Support system（支持系统）。

Plan（计划）：你有没有自杀或者自伤的计划？是否有计划具体的事件和地点？（当事人计划越详细，风险越高）

Intention（意图）：你是不是已经产生了自杀的意图？

Means（方式）：你有没有想过具体的自杀方法？（自杀方法越详细具体，风险越高）

Prior attempts（过往尝试）：之前有没有尝试过自杀，有过这样的念头，或者有过这样的实际行为？（曾经有过自杀的行为，现在实施自杀的可能性相对更高）

Support system（支持系统）：有没有社会支持系统？你的社会支持系统如何？（社会支持越薄弱的当事人，风险越高）

《中小学生心理访谈提纲记录表》主要包括五个部分内容，分别是具体事件、实时心情、一般状态、感知与应对方式、支持系统。来访者按照自己实际情况回答即可，心理教师可逐条提问并做出初步判断。

2. 危机筛查

心理教师在日常咨询或班主任提交的预警名单中，若发现潜在高危学生个体，需对其进行风险程度的评估，制订干预方案，对危机当事人及时进行心理干预。对于存在争议的学生，必要时可邀请校外精神专科医生进校会诊。在以保护学生生命安全为第一守则的前提下，按照专业要求进行保密例外处理。

（二）风险评估、分类及对应的处理方式

心理教师对筛查结果进行分析和评估，根据学生心理危机程度及类型的不同，实行分类干预，制订"一生一案"，为学生创造更好的心理恢复环境。

1. 存在一般心理危机的学生（即第一类危机学生）

相对而言，这类学生占比较大，心理教师应给予一般关注。可开展个别心理辅导、团体心理辅导或安排心理委员提供朋辈支持，这类学生心理问题程度相对较轻，通常情况下经过一段时间的辅导，基本上能恢复到健康状态。此外，心理教师也要加强与班主任、家长的联系，家校合作，发现情况及时沟通解决。

2. 存在严重心理危机的学生（即第二类危机学生）

这类学生占比较小。对于严重心理危机学生，心理教师应及时上报与备案，第一时间将该生情况告知班主任，在校内召开研判会，由班主任通知家长来校启动多方会谈，告知家长孩子目前的心理状态及风险，建议接受校外专业医疗机构的诊断。

3. 存在重大心理危机的学生（即第三类危机学生）

相对来说，这类学生占比极小，但近年来在校占比呈逐年递增趋势。第二类危机学生如果得不到及时有效的心理辅导，有可能转变成第三类危机学生。这类学生一旦发生危机事件，对学生和学校的影响将是巨大的。

存在重大心理危机的学生属于心理高危群体，严重超出学校咨询范畴。为预防出现心理极端事件，心理教师应制订更强的"一人一案"针对性干预方案，及时上报、备案、召开校内研判会、启动多方会谈，强烈建议家长将该生转介至校外医院进行专业治疗。

对坚持来校上学的心理高危学生，心理教师需与班主任、家长携手，联合实施干预措施，学生在监护人陪同下定期接受校外心理治疗，按医嘱服药，切不可擅自停诊停药。此外，该生需要定期接受校内心理教师针对该生开展的支持性访谈，并将校外医生诊断意见与用药情况及时反馈给心理教师。同时，心理教师应提醒该生防止在日常学习、生活中出现一些过激行为，确保自身和他人的人身安全。

（三）指导意见

（1）心理教师在接待完危机个案后，需及时、翔实记录，内容包括来访的基本信息、主要问题及症状表现、沟通辅导策略、咨询效果评定、问题反思及后续跟踪辅导策略等。另外，还要详细记录校内研判会和多方会谈的内容，更需要认真撰写给家长看的相关文件，及时完成学生本人和家长需要签署的文书。

（2）针对存在严重心理危机与重大心理危机的学生，建议心理教师定期提供支持性访谈。

①对于患有精神障碍但擅自停药的学生，心理教师需要叮嘱其按照医嘱规范用药，将该生情况及时与班主任和家长沟通，安排心理委员或寝室长每周汇报该生情况，必要时与年级组长、班主任商量联系家长来校陪读。

②支持性访谈的时间与频率：支持性访谈的时间一般控制在 15-20 分钟，若学生倾诉欲较强烈，可以适当延长，但不宜过长（尤其是精神障碍恢复期的学生，持久性谈话容易引起疲劳）。访谈的频率应根据学生的实际情况，每周一次或两周一次，待学生状态恢复较好时，可逐渐延长约谈间隔。

③支持性访谈的具体内容包括：

a. 近段时间你过得如何？

b. 学业压力大不大？（可以让学生打分）需要我帮你做点

什么吗?

c. 近段时间睡眠、饮食如何?

d. 你在课余时间都做些什么?（借机鼓励学生与人交往、适度运动）

e. 最近有定期去复诊吗？一直在吃药吗？

f. 你有没有什么特别想要和我分享的?

（3）对于不愿意接受心理辅导的学生，心理教师不宜强行介入，可以借助班主任的力量定期了解该生的身心状况和病程发展情况，及时更新、完善学生的心理档案。此外，心理教师可通过加强对班主任的培训与指导，间接地介入和干预。提醒班主任与家长交流时把握交流原则、掌握家校沟通的要点，注意方式方法。

（4）常言道"预防胜于治疗"，校园心理危机的预防应侧重危机发生后的处理。心理教师每学期可常态化开展生命教育，提高学生的生命意识与生存技能，可从以下三个方面来进行：第一，围绕认识生命、热爱生命、尊重生命、提升生命质量等专题，根据各年级学生的特点，通过心理课、班会课开办生命教育专题，让生命至上的理念深植于学生心中；第二，结合各种节日开展生命主题教育活动，比如母亲节、父亲节、妇女节等，通过主题活动加强学生对各种状态生命价值的探索，并在活动中引导学生体验认识生命、尊重生命的快乐；第三，在原有心理课的基础上增加生涯教育的内容，利用学校自身优势，开展形式多样的生涯教育实践活动，为学生创设条件，在锻炼职业能力的同时提升社会生存技能。

（5）有经验、有能力的心理教师需要为学校班主任、任课教师、心理委员、宿舍管理人员等非专业群体提供学生心理危机预警与干预的培训和指导，提高他们对心理高危人群的鉴别与干预能力。另外，要强调教师、学生严格遵守保密原则。

（四）资源支持

（1）常态化开放学校心理咨询室，持续跟进校内心理辅导。

（2）动员和鼓励并转介重大心理危机学生尽快就医。

（3）帮助心理危机严重的学生及时调整学习目标与学习方式。

（4）帮家长提供心理科普与家庭教育方面的支持资源，比如学校心理教师的联系方式、心理热线、校外专业医疗机构的有关信息。

（5）积极宣传各级心理援助热线，做到入脑入心。

第二节 校内研判会工作方案

为了确保多方会谈的顺利进行，需要在会议开始之前对心理危机来访者的心理状况进行深入的研判。学校应成立专门的校内研判团队，在举办研判会前全面收集来访者的心理状况资料，在研判会上对来访者的心理状况进行客观分析，准确判断来访者心理危机的严重程度，共同讨论、制订有效的干预方案并达成共识。这样的校内研判会将为多方会谈的顺利进行提供有力的支持，也能为来访者提供及时的帮助和支持，帮助他们度过心理危机时期，重建健康的心理。

一、参与人员

校内研判会通常由学校德育部门牵头组织，参会人员包括学校分管领导、相关职能部门负责人（年级组／学生处）、心理教师（专职／兼职）、班主任、相关支持人员如校医，必要时可邀请校外心理专家参与其中。

二、研判会操作流程

心理教师对来访者进行安全风险评估时，若发现来访者存在严重心理危机及以上风险级别，需采取必要的干预措施，应召开校内研判会。

（一）会前准备

相关职能部门负责人应协调所有参会者的时间，安排一个独立且安静的会议室作为会议地点，并指定专人负责会议记录（一般为心理教师），记录内容应包括讨论的要点、决定的干预措施及责任人任务分配等。心理教师需要根据与来访者面谈的情况，撰写初步的心理评估报告。班主任负责整理来访者的在校表现、以往的家校沟通记录及来访者的家庭基本信息。此外，班主任还需收集家长的基本信息，例如年龄、职业和宗教信仰等。

通过这些准备工作，确保研判会高效进行。

（二）正式研判

正式研判会共分为六个步骤：

第一步，相关职能部门负责人说明召开此次会议的目的，同时强调保密原则。

第二步，心理教师根据心理评估时来访者所述的情况，介绍来访者的心理状态及评估结果。心理状态应涵盖来访者的情绪状态、学习状态、睡眠和躯体状态、人际关系状况及安全风险等方面。心理教师需要重点说明来访者心理状态的异常之处，并以实例进行说明。评估结果应包括该来访者目前可能存在的心理问题及其严重程度。

第三步，班主任基于在平时班里管理和家校沟通过程中观察和了解到的客观情况，介绍来访者的学习和生活状态、人际交往状态、学业表现和家庭关系等。班主任需要重点说明观察到的异常情况和与来访者自述不一致的地方。

第四步，参会人员针对心理教师和班主任表述不清楚的地方进行澄清和补充，并根据来访者的表现和情况，初步评估该生心理危机的严重程度，共同讨论并确定针对该生的具体干预方案，如是否符合转介要求、家庭教养环境改善、学校心理辅导目标和计划、班主任日常班级管理方案、任课教师提供支持、是否继续在校学习、是否在校住宿等，并制订具体的行动方案。

第五步，参会人员商讨多方会谈的框架和要达成的目标，明确各自的职责。

第六步，学校分管领导或年级分管中层领导总结本次研判会内容，并强调后续多方会谈的注意事项（详见本章第三节）。

（三）研判结束

相关职能部门负责人跟进实施各项研判会决定的措施，协调各方落实多方会谈。心理教师做好会议记录，并向所有参与者分发会议纪要，及时做好参会签字备案，并在多方会谈前整理好该生的《学生心理健康状况告知书》（见附录9）和《安全风险告知书》。

三、注意事项

在举办心理危机来访者校内研判会的过程中，需要注意以下几点：

（1）严守保密原则。所有参与研判会的人员都必须严格遵守保密原则，确保会议期间讨论的所有内容均不被泄露。这是对来访者隐私权的基本尊重，也是维护学校信任感与安全感的重要基石。

（2）以客观事实为依据。会议中的讨论内容必须严格基于客观事实，以确保信息的准确性。心理教师在描述时，应确保所述内容不超出来访者自述的范围，避免因个人臆测而做出不当判断。班主任在描述时，同样应基于观察到的客观事实，以免给来访者造成不必要的伤害与困扰。

（3）正确认识来访者心理问题。所有参会人员应对来访者的心理问题有正确的认识，即来访者的心理问题为阶段性遇到的成长性困扰，相信在外界的帮助下，随着来访者的成长，来访者面临的心理问题会逐渐减轻并解决。

（4）以来访者的利益为出发点。在商讨干预方案时，应尊重来访者的受教育权、人身权和自由权等相关权利，如关于是否继续在校就读，学校可以给出适当的建议，并清楚说明提出此建议的依据，不可胁迫来访者及来访者家长。

（5）保持尊重与同理心。在讨论过程中，每位参会人员应始终保持对来访者及其家庭的尊重与同理心，避免使用任何可能带有歧视性或负面影响的语言，不随意给来访者贴标签或进行不恰当的评判与指责。

通过校内研判会，相关人员可深入了解来访者的实际情况，从而准确评估来访者心理危机的严重程度，并据此制订切合可行的干预方案。同时，通过充分商讨会议内容、明确各部门及人员的职责分工，能够更好地协调各方资源，为来访者提供全面、细致且专业的支持与帮助。

四、范例

我们可以制作来访者心理状态评估表（表3-1）和校内研判会会议记录（表3-2），确保研判会高效进行。

表3-1 来访者心理状态评估表（示例）

来访者姓名	××	班级	×	性别	×	年龄	××
来访途径	本学期的心理普查结果显示该来访者抑郁和焦虑量表得分较高，其中 MHT 得分为 81 分，SAS 得分为 51 分，得分显示该来访者可能存在抑郁和焦虑情绪。为了进一步评估该来访者的心理健康水平，咨询师对来访者进行了约谈。						
来访者情况	以下情况均来自来访者的自述： ……						
初步评估	来访者因家庭发生重大变故，近期出现了情绪低落的表象，学习效率明显下降，人际交往亦受到负面影响。在情绪不稳定期间，曾出现过消极意念。初步评估来访者存在严重心理危机，存在潜在的安全风险。为此，心理辅导站已启动心理危机预警机制，将密切关注来访者的情绪状态，并计划召开校内研判会及多方会谈，以制订和商讨更为全面和深入的干预措施。						
咨询师的初步干预	（1）咨询师与来访者建立良好的咨询关系，为来访者提供情感支持。 （2）咨询师全面评估来访者的安全风险，并采取必要措施确保其人身安全。来访者已表示愿意在情绪不佳时主动向咨询师求助，展现了积极的合作态度。 （3）咨询师深入了解来访者当前的实际需求，并与来访者充分沟通，表明需要与班主任和家长说明来访者的情况，以获得更全面的心理支持，并已征得来访者的明确知情同意。						

表 3-2　校内研判会会议记录（示例）

来访者姓名	××	班级	××	性别	×	年龄	××
会议时间	××××			会议地点	××××		
参与人员	××× 等			会议方式	××××		
会议目的	来访者在本学期心理筛查中结果异常，心理教师对其进行约谈后，发现来访者因父母离异，近三个月情绪低落，感到痛苦和无助，自我评价显著降低，存在消极意念，有重大安全风险。为了研判来访者的心理危机程度，促进校内各方对来访者的心理问题达成共识，商讨进一步的干预方案和安全保护措施，召开本次校内研判会。						
研判会议内容记录	一、会议内容说明 　　相关职能部门负责人简单介绍来访者情况，并说明本次研判会的目的，强调保密原则。 　　二、来访者情况说明 　　心理教师首先反馈来访者的心理筛查结果，如 PHQ-9 量表得分显示其可能有中重度抑郁症，第 9 题得分为 2，表明其存在较大安全风险；接着反馈在校内心理咨询中了解到的情况，如来访者表示父母觉得离婚不会对自己产生很大的影响，但实际上对自己影响很大；重点描述来访者可能存在的安全风险及其背后的原因，如来访者在父母吵架时觉得活着很痛苦。心理教师说明来访者可能存在的心理问题及其严重程度，汇报心理辅导站目前已经进行的干预工作，并建议来访者监护人带其寻求心理医生或精神科医生的帮助。 　　班主任反馈来访者在校期间的行为表现，表示来访者的性格较为内向，本学期开学后表现得更加沉默寡言；任课教师观察到来访者近期上课状态不佳；来访者室友反映来访者近段时间入睡较晚，有时有抽泣声。来访者为家庭独生子，父亲是律师，母亲在家照顾来访者。						

（续表）

研判会议内容记录	**三、干预方案探讨** 　　分管领导组织参会人员对来访者的情况做了进一步了解，了解来访者初中就读学校、高中成绩变化、与同学的交往情况和饮食及身体状况。参会人员针对该来访者的具体情况，展开深入的讨论。分管领导特别强调了来访者的心理健康与人身安全的重要性，并支持心理教师的建议，即建议来访者积极寻求校外专业医疗机构的帮助。班主任认为在日常班级管理中应特别关注该生的情绪变化，同时需要提醒任课老师注意教学互动，避免与来访者发生冲突。考虑到来访者家庭关系的紧张，会议讨论了是否需要为来访者提供通校学习的可能性，但这需要在充分尊重来访者及家长意见的前提下决定，确保为来访者提供生活上最大限度的便利。 　　此外，会议制订了多方会谈的框架和目标。针对该来访者的情况，多方会谈应首先确保与其家长建立良好的家校合作关系；家校能够实现积极沟通，详细了解来访者的在校经历和成长经历；家长能够对来访者的心理健康有合理的认知和积极的关注；家校能够就来访者的干预方案达成一致，如家长能够积极带来访者寻求专业心理机构的帮助，并能积极构建和谐的家庭关系。 　　最后，分管领导总结本次研判会内容，详细说明班主任、心理教师和相关部门在该来访者的干预过程中需要负责的具体内容，并强调后续在进行多方会谈时，参与人员应注意言辞的选择，避免使用任何可能引起误解的绝对性言语。

（续表）

干预方案	（1）学校支持：协调并开展与该生相关的家校沟通会议，以确保资源的有效对接；为来访者在近期提供通校学习的安排；在来访者心理状态不稳定期间，对其生活和学习要求进行灵活调整，以减轻其压力。 （2）家庭支持：建议来访者家长积极调整家庭关系，营造一个安全、温馨的家庭环境，为来访者提供必要的情感支持；建议家长带领来访者寻求校外专业医疗机构的协助，以获得更专业的心理健康服务。 （3）心理支持：心理教师定期进行回访，评估并确保来访者的安全，同时为来访者提供持续的心理支持；班主任积极关注来访者的日常表现，细心倾听来访者的需求，确保其在学校环境中得到适当的关怀与支持。
会议效果	（1）校内各方全面了解来访者的心理状态，并积极协作，确保为来访者提供有力支持。 （2）校内各方沟通制订针对该来访者的干预方案，并达成一致。 （3）校内各方商谈多方会谈的框架和目的，为多方会谈的顺利召开奠定基础。

第三节　多方会谈工作方案

一、会谈前准备

（一）明确需要多方会谈的对象

1. 校内评估存在重大心理危机（第三类危机）的学生

（1）安全风险高的学生。学生在评估和咨询中，表明有自杀／伤人的意念或行动，涉及生命安全问题是咨询中的保密例外。学生作为未成年人，他们的家长是他们身心健康的主要负责人。在这种情况下，我们有责任立即通知家长，并在咨询中收集关键信息，以评估心理危机的等级。

（2）超过学校心理咨询范畴、需要转介的学生。在评估和咨询中，发现学生疑似患有严重心理问题的，如抑郁症、焦虑症、双相情感障碍、精神分裂症，或处于心理疾病发作期，此类情况超过学校咨询的范畴，需要专业医疗机构的介入。学校需与家长进行沟通，并建议家长带孩子到专业医疗机构接受诊断和治疗。若学生曾有就诊记录，则在了解其过往情况后，建议其复诊。

（3）近期受生活事件影响情绪状态不稳、有较强应激行为的学生。对于近期因生活事件影响而情绪状态不稳、有较强应激行为的学生，需要开启多方会谈，家校共同进行全面评估，共享关键信息，听取专业建议，明确各方的责任，并制订个性化的干预方案。

以上情况均属于保密范畴，在学生进行心理咨询预约的《学生心理辅导档案卡》（见附录8）中已有说明，并请来访者签字确认，一旦出现保密例外的情形，不用再征得其同意。不过，即便学生已经签署，开启多方会谈之前仍需口头告知，这既是对咨询与访资关系的负责，也是对心理咨询这项助人工作的负责。

2. 校内评估存在严重心理危机（第二类危机），且当下的心理困境与家庭紧密相关的学生

在咨询中，发现学生属于第二类危机学生，且当下遇到的心理困境与家庭紧密相关（如粗暴的家庭教养方式、专制的家庭沟通方式、紧张的家庭氛围等），开展多方会谈对学生心理困境的恢复有非常积极的正向作用。

心理教师需告知学生本人并征求学生意见，共同商讨会谈中需保密的部分。只要不涉及危机事件，心理教师需尊重学生本人是否开展多方会谈的意愿。

（二）材料准备

（1）《学生心理辅导档案卡》（见附录8）：学校初次来访的预约单，包含个案咨询前的保密例外条例、知情同意签名。

（2）《学生心理健康状况告知书》（见附录9）：结合《家长安全责任书》内容一同签字。

（3）学生心理辅导记录：部分家长若想了解辅导情况，可现场看文字记录，但不可拍照，不可带走。

（4）《学生心理问题转介信》（见附录10）：对于经评估需要转介的学生，可出具转介信，建议监护人带当事学生到正规医院心理科/精神科做进一步检查，或转介至校外专业机构进行评估治疗。

（5）录音笔：建议全程录音，后续转为《心理高危学生多方会谈记录表》（见附录11）。

（6）其余材料按需自行准备。

二、启动多方会谈

（一）会谈组成人员

由心理教师牵头召开多方会谈，参会人员包括学校心理危机领导小组组长或分管副校长、学生处老师、年级组长、心理教师、班主任和学生家长。

（二）会谈前流程

多方会谈启动前，需要提前召开校内研判会，参会人员商讨会谈框架，做到处理思路在校内保持一致。在与家长交流过程中，强调家校合作中双方的目的是一致的，都是为了孩子的健康成长，探讨学校和家长各自的职责和教育优势，共同助力孩子度过他们生活中的困难时期。

班主任负责在多方会谈启动前通过电话的方式与家长取得联系，约好时间和地点，要求父母双方一同前来学校进行面谈。

会谈具体内容如下：

（1）会谈具体流程

①心理教师向家长说明开展本次会谈的目的是家校共同努力给孩子提供更好的帮助。说明家长作为未成年人的监护人，应当了解孩子的心理状况，需要承担相应的看护责任。强调保密原则，明确告知家长孩子的特殊情况学校会予以严格保密，该生毕业后所有相关心理记录也不会进入个人档案，以此建立家校间的信任关系。

②心理教师如实反馈来访者心理普查、心理评估整体

情况。

③请家长回忆并描述孩子近期存在的现实困扰或明显变化（包括情绪、行为、认知、睡眠、饮食、躯体等方面的变化），核实心理教师提到的信息，若存在与学生描述不一致的地方，追溯回忆补充。了解家长对孩子的整体印象，如性格、学习状况、上网情况、人际关系、亲子关系等，以及家长对孩子心理问题的认知和态度。

④班主任向家长详细反馈学生近期在校的具体表现，对家长的表述中有疑问的地方进行提问。

⑤心理教师从专业的角度，结合个案评估、班主任反馈及家长反馈的情况，详细说明学生当前的心理状况、行为表现及存在严重心理问题的可能性，可对家长进行相关心理疾病、自杀危机、救助途径、用药注意事项等科普。告知家长该生的特殊情况已超出学校心理咨询的范围，建议尽快转介至校外的专业医疗机构进行治疗，并出具《学生心理问题转介信》（见附录 10）。从身心健康与生命安全角度考虑，若该生当下均不具备住校条件，应及时向家长说明退宿的必要性。

⑥学生处老师 / 年级组长向家长强调身心健康的重要性，表达家校合作共同为孩子的心理健康成长努力的意愿，在日常管理上会对该生更加包容和关心。

⑦多方积极探讨干预方案，必要时与家长商议休学、请假

或在校上学。向家长出具《学生心理健康状况告知书》（见附录9），请家长签字，心理辅导站留存。

⑧学校主管领导做最后的强调、说明和指导，家校达成一致。如家长有需求，心理教师可酌情提供相关的咨询服务。

⑨会议结束后，心理教师进行文字留档。

（2）会谈注意事项

①会谈前：

a. 提前了解家长的职业和需求，做好相应的准备；

b. 根据校内研判会的讨论结果，准备相应的会谈资料。

②会谈中：

a. 若家长出现抵抗心理，心理教师可向家长出示省里或所属地教育局相关文件，让家长明白所有心理高危学生一般都按照此制度统一标准执行。

b. 若家长想看孩子的辅导记录，可现场看文字记录，但不可拍照，不可带走。若会谈对象为无危机事件学生，则需与学生商议辅导内容中可给家长看的部分，学生知情同意后方可出示给家长。

c. 心理教师在会谈的整个过程中，需要充分表达对学生身心健康的关心和对家长心情的理解，共同商讨对孩子身心健康有利的方案，要注意避免让家长误以为学校在推卸责任。

d. 校领导在仔细聆听多方意见后，可以做最后的说明和强调。多方会谈中出现争议时，校领导可以出面沟通。

③会谈后：

整场会谈最好在家长知晓的情况下录音，会后所有与会人员的谈话内容需做好详细书面记录，填写《心理高危学生多方会谈记录表》（见附录11），并请家长在会谈记录上签名，备存于心理辅导站。

（3）会谈结果

①转介生

转介生是指家长在了解清楚情况后能积极配合，将其及时转介至校外专业医疗机构进行治疗的心理高危学生。第一次转介就医的学生，就医回家后需向学校心理教师通报就医情况和结果，并及时报告给班主任，心理教师做好存档。如学生在诊断后需要住院治疗或无法上学，按照学校学籍管理有关规定，家长需出具医院诊断报告和相关证明，提交休学申请，在班主任陪同下去年级组、教务处办理休学手续。治疗期间需遵医嘱服药，若该生服药后出现不良反应，需及时当面向主治医生咨询，切不可中途自行停药或停诊。此外，转介期间家长应与班主任继续保持至少每月一次的联系，真实地反馈该生近段时间的治疗和在家表现，直至康复。

②在校生

在校生是指学生或父母不同意请假或休学，仍然要求继续留在学校就读的心理高危学生。首先，学生本人需签订《不自我伤害契约书》（见附录2），父母双方需签署《学生心理健康状况告知书》（见附录9）。其次，家长需积极配合班主任办理退宿手续。最后，在校期间，家长需要明确监护责任、药物管理，心理教师需定期约谈，班主任需实时关注学生的心理动态发展，发现情况及时与心理教师交流。

（4）注意事项

①若家长需要，心理教师可提供《学生心理问题转介信》（见附录10），由学生本人确认内容无误后签字带走，在门诊时交给医生。

②对于有高危情况但不肯转介的家长与学生，学校可邀请校外心理专家或医生来校再次开启多方会谈，从专业角度向家长说明该生的具体情况、严重程度和后续治疗方法。

三、多方会谈典型案例分析

（一）基本情况

杜某某，女，高一学生。因性格问题和情绪问题被班主任关注，并上报校心理辅导站。来访者于9月11日前往心理咨询室进行心理评估。在第一次的评估中，发现其初中经历过网络暴力、感情问题，高中开学时的分班问题和学业压力过大也引发了她的焦虑和抑郁情绪。这段时间她情绪起伏大，思维奔逸，易失眠，有过自残行为，存在自杀意念并实施过。初中时常常用圆规画手臂，高中由于未跟男友分在一个班，情绪崩溃，坐在家中窗外想要轻生，被男友赶到家中救下。相比初中，她人际关系变差，在学校不愿意融入集体，适应不良；家庭沟通也存在一定问题，主观上得不到来自父母的情感支持。她未进行过相关心理治疗，也未服用过药物。

（二）启动多方会谈缘由

经过校内初步评估，心理教师建议家长高度重视来访者当下的心理状态与危机情况，家校合作，共同帮助她走出困境。经来访者同意，通过班主任联系家长，启动多方会谈。

（三）家校沟通过程

分管德育工作校领导、年级组长、心理教师、班主任和来访者父母参与了本次多方会谈。会谈主要包括以下内容：

1. 心理教师表明开展多方会谈的缘由

心理教师首先明确阐述了开展此次多方会谈的初衷："我们希望与家长共同探讨，以期达到对孩子更全面、更深入的关怀与支持。我们深知家长作为孩子们成长过程中的重要监护人，不仅需要了解孩子的内心世界，还应承担起相应的监护责任。"

在本次会谈中，心理教师特别强调了保密的重要性。"我们承诺，确保所有涉及孩子心理问题的信息都将得到妥善保护，不会对外泄露。此外，学生毕业后，所有与心理健康相关的记录都不会被纳入其个人档案中。这既是对学生隐私的尊重，也是为了建立和维护家校双方的信任基础。"

"我们希望通过这样的沟通方式，不仅能够增进家长对学校教育工作的理解，也能够让我们更好地了解家长的期望和需求，共同为孩子的健康成长和全面发展搭建一个更加坚实的平台。我们相信，通过家校双方的共同努力，我们能够为孩子创造一个更加温馨、安全、有利于健康成长的环境。"

2.心理教师反馈来访者心理状态

心理教师首先说明了来访者在心理普查和咨询过程中呈现出的各种异常情况，主要集中在来访者的情绪、压力、疲惫感、睡眠、人际交往、自我认知、自杀意念等，以此展现来访者心理问题的严重程度，以及对来访者心理问题进行干预的急迫性。

3.家长反馈孩子的过往经历和心理状态

家长表示孩子近期因为开学分班问题有过情绪异常，但最近相比于开学时有明显好转，认为孩子已经慢慢接受，不太清楚孩子是否曾有过自伤、自杀意念和行为。当谈及孩子的社交状况时，家长表示自己的孩子是比较"社牛"的，对孩子现在不愿意融入集体感到震惊。对于感情问题，家长表示孩子和另一个学生从初中起关系就比较好，认为这只是青春期的表现。家庭沟通方式存在一定问题，爸爸给孩子提供的建议在孩子眼中是被安排，无法得到来自家庭的情感支持。来访者从小性格外向、直爽，家长也不太清楚孩子现在心理问题的成因，但是还是愿意配合改善沟通方式，必要时带孩子就医治疗。

4. 班主任反馈该生近期的情况

班主任表示在和该生的交谈中发现她总是会跳跃话题，滔滔不绝，情绪波动很大。同学多次反映该生性格怪异，不愿意参与班级事务，并且总会说一些消极言论，影响班级氛围。班主任明确指出，即便多次鼓励，来访者仍然不予配合。

5. 心理教师结合个案评估、多方会谈中了解的情况做出反馈

心理教师表示从家长处了解到了不少来访者成长中的重要事件及经历，能够理解来访者目前心理状态异常的原因和过程，进一步确认是否需要对来访者进行进一步的咨询和转介。心理教师再次强调了来访者当前心理问题的严重性，以及对来访者心理问题进行干预的急迫性，之后向家长普及了心理异常的相关知识，消除了家长关于就医、服药的偏见及顾虑，希望来访者的心理状况引起家长足够的重视，给予来访者合适的关心。告知家长接下来心理辅导中心会对来访者情况进行保密，打消家长的顾虑，建立正确治疗的信心。

6. 年级组长对该生的情况做出建议

年级组长向家长强调了身心健康的重要性，要多向学校心理教师请教专业问题，家校共同帮助孩子渡过难关，希望孩子能够健康快乐地成长。在治疗期间，年级组长在日常管理的部分会对该生有更多的关注和鼓励。希望家长有情况时及时与班主任、心埋教师联系。

7. 对该生干预方案的探讨

对于来访者的心理干预，心理教师从专业角度强烈建议家长重视来访者的身心健康、自我成长、认知协调和生命安全。从改变自身入手，帮助该生感受到家人的关心和回应，塑造积极包容的家庭氛围，提供正向的肯定和认可。同时，在条件允许的情况下，征求该生的意见，带她去专业的医疗机构进行诊断和治疗。从身心健康与生命安全角度考虑，孩子当下均不具备住校条件，心理教师及时向家长说明了退宿的必要性。

在沟通后，家长决定让孩子继续学业，但承诺带孩子就医，并同意退宿。为了保障孩子在校期间的生命安全，也为了引起家长的足够重视，在心理辅导中心的要求下，家长签署了《学生心理健康状况告知书》（见附录9）。

8. 校领导做最后的强调、说明和指导

在多方会谈的最后，分管德育工作校领导对所有参与会谈的人员表示了感谢，并简要回顾了会谈中讨论的主要问题和各方的观点，确保所有人都对讨论的内容有清晰的理解。校领导明确了会谈中达成的共识，比如对该生心理健康问题的认识、需要采取的干预措施等；强调家校之间合作的重要性，鼓励各方共同努力，重视学生的心理健康；告知家长学校能够提供的资源和支持，鼓励保持开放的沟通，希望在实施过程中家长能够及时地反馈和调整。最后，校领导以积极和鼓励的语言结束整场会谈，希望孩子未来能够健康快乐。

（四）多方会谈效果

（1）建立了良好的家校合作关系，就来访者的干预方案达成一致。

（2）详细了解了来访者的过往情况，为心理危机干预提供了基础性资料。

（3）提升家长对心理健康问题的认知，认识到心理健康和学业成就同等重要，从而使其更积极地关注孩子的心理健康，改善亲子关系，改善家庭教育。

第四节　班主任干预策略

针对学生不同的心理危机程度，班主任的干预策略会有所不同，但应以确保学生的生命安全为第一原则。班主任需在干预前明确学生的心理危机程度，并在与其他干预群体进行合作的基础上，对不同干预对象进行有针对性的干预（表3-3）。

表 3-3　班主任危机干预策略

一般心理危机	必做	谈话	一对一重点谈话	
			定期简单交流	
		反馈	反馈学校表现	
		合作	了解家庭模式，形成家校合作	
	不做	忽视	忽视学生的情绪变化	
		责怪	责怪学生、家长	
		推脱	单方面将责任归咎于家庭、家长	
严重心理危机	必做	关注	长期重点关注	
			朋辈辅导	
		上报	年级组、学生处、心理辅导站	
			发现有自残、自杀行为及意念的学生必须第一时间上报	
			上报内容	（1）学生日常状态、异常行为状态
				（2）学生就医、服药情况
				（3）学生家庭状况（家庭背景、家庭相处模式、父母态度等）

（续表）

严重心理危机	必做	沟通 学生	（1）鼓励学生及时参与咨询
			（2）提醒学生按时就医、遵医嘱服药
		沟通 家长	（1）科普心理知识，鼓励家长不拒绝尝试
			（2）了解家庭状况、家庭相处模式
			（3）做好重点学生家访工作
			（4）与医院、心理辅导站、家长沟通协调做好干预方案及应急方案
	不做	不见	对于有异常行为、异常情绪的学生视而不见
		不问	不关注学生的情绪变化、不问询家庭状况
		不理	不理会学生及家长的合理需求
重大心理危机	必做	就医	（1）出现重大危机时，及时送医
			（2）经评估的第三类危机学生，需及时与家长沟通，带往医院评估、治疗
		劝导	（1）谨遵医嘱，按时服药，定期复查
			（2）长期、稳定地接受心理咨询
			（3）如有必要，劝导学生及家长先离开焦虑、抑郁的环境
		留痕	（1）与重点学生的家长保持定期沟通
			（2）文字留痕，语音录音
			（3）定期以文字的形式向学生处报告学生情况
	不做	拖延	不上报、不沟通，总觉得再熬几天就好了
		忽视	忽视学生的合理需求、忽视学生的情绪变化
		强制	不允许学生请假、不允许学生就医、不允许学生与心理教师沟通

一、班主任的干预策略

（一）存在一般心理危机（第一类危机）的学生

1. 必做：谈话、反馈、合作

（1）在观察或了解某位学生的情绪状态之后，班主任应迅速采取行动，与该学生进行一对一的重点谈心，这次谈心的目的是深入了解学生内心深处的真实情绪波动及其原因。此外，班主任需定期与学生交流，这不仅有助于班主任及时掌握学生的情绪变化，还能够有效地预防学生出现潜在的心理问题。

（2）在初次谈话的基础上，班主任应自行判断是否将实际情况反馈给家长。如果学生的情绪波动与家庭环境有直接的关联，那么班主任就有责任及时与家长进行沟通，以便共同解决问题。

（3）班主任应该与家长建立紧密的合作关系，共同努力，为孩子营造一个既和谐又积极向上的成长环境；向家长普及心理学相关知识，使他们能够全面了解孩子的心理发展状况，从而更好地支持孩子的成长。

2. 不做：忽视、责怪、推脱

（1）在教育工作中，我们必须始终关注学生的心理和情绪波动，不能对他们的情感变化采取漠不关心的态度。

（2）在处理学生问题时，班主任应注重从多角度分析，不能仅仅因为某些问题出现在校园中，就单方面地责怪家长或学生个人。这种做法不仅无助于问题的解决，还可能伤害家长和学生的感情，激化、扩大家校矛盾，影响家校关系的和谐。

（3）要避免将学生出现的问题简单地归咎于家庭因素。

虽然家庭环境对孩子的成长有重要的影响，但我们不能因此忽视学生在校园内外所受到的其他影响，如同伴关系、社会环境等。要全面地了解学生的生活背景，才能更准确地找到问题的根源，从而提出更有针对性的解决方案。

3. 指导意见

（1）在教育工作中，一般心理危机学生是最常见的，也是应该被重视的。对于他们来说，提前重视并解决情绪问题至关重要，只有在萌芽阶段就解决，才能避免造成更加严重的后果。

（2）在面对一般心理危机学生时，班主任需要展现出高度的职业素养和心理素质，其中包括情绪的自我控制能力，情绪稳定才能接住孩子的情绪。面对学生的各种问题和行为，班主任首先应冷静分析，不让个人情绪影响对学生的公正评价和有效指导。班主任还应扩大自己的知识储备、提升教育技巧，这样才能更好地适应不同学生的需要，从而在教育和引导学生方面取得更好的效果。

（3）及时有效的沟通是建立良好师生关系的关键，班主任应积极倾听学生的心声，努力理解他们的想法和需求，通过开放式的交流和耐心的解释，帮助他们解决困惑，引导他们正确处理问题。

（4）班主任也应该及时与家长进行有效的反馈和沟通，这是建立家校合作、促进学生全面发展的重要手段。通过与家长的互动，班主任可以更深入地了解学生的家庭背景、性格特点和生活习惯，从而更好地指导学生。家长也可以通过与班主任的沟通，了解孩子在学校的表现和存在的问题，以便及时给予关注和支持。因此，班主任应该积极搭建与家长沟通的平台，定期举行家长会、家访等活动，与家长保持密切联系，共同为学生的健康成长创造良好的环境。

4. 案例

近期，李华（化名）面临着考试的压力，这种压力使他变得焦虑不安。为了帮助李华克服这种情绪，他的班主任及时地注意到了这一情况，并采取了积极的措施。班主任主动找到李华，与他进行了一次深入的谈话，希望通过这种方式了解李华的内心世界，找出他焦虑的根源，并给予针对性的指导和建议。

在谈话过程中，班主任耐心倾听李华的诉说，对他所遇到的问题和困惑表示理解，并告诉他，面对考试压力，出现焦虑情绪是正常的，关键是要学会调整自己的心态，采取正确的方法来缓解压力。此外，班主任还向李华普及了一些缓解压力的方法，如合理安排学习时间、进行适当的体育锻炼、保持良好的作息习惯等。

除了与李华进行谈话，班主任还非常关心李华的家庭环境，认为家庭的支持对李华的成长至关重要。因此，班主任还专门联系了李华的家长，向他们介绍了如何帮助孩子缓解压力的方法。班主任建议家长应多关注李华的心理健康,多与孩子沟通,了解他的需求和困扰,给予他足够的关爱和支持。

在班主任的引导和帮助下,李华逐渐认识到了自己的问题,并开始尝试运用所学的方法来调整自己的情绪。同时,李华的家长也意识到了自己在教育孩子方面的不足,积极改变教育方式,给予李华更多的关心和支持。

经过双方的共同努力,李华的焦虑情绪得到了明显缓解。他开始学会正确面对考试压力,调整自己的心态,以更加积极的态度投入到学习中。在这个过程中,班主任、家长和李华三方之间的沟通和配合起到了关键性的作用,展现了教育的力量。

(二)存在严重心理危机(第二类危机)的学生

1. 必做:关注、上报、沟通

(1)在发现学生有严重心理问题后,班主任务必持续深入地关注该生的内心世界与情感波动,以敏锐的洞察力捕捉其任何细微的心理变化迹象。此外,可以适当动员、培训班级同学如班长、团支书、心理委员等,对行为异常、情绪敏感的学生予以关注,以朋辈辅导的形式侧面稳定学生的情绪,并在班级内部努力营造一个宽松、愉悦的学习氛围。

(2)一旦确认学生存在心理隐患或问题,必须刻不容缓地采取行动，绝不容许任何拖延。这包括及时向年级组、学生处及学校心理辅导站报告学生的心理状态，确保他们能够及时介入，为学生提供专业的心理评估、支持与服务。若学生情绪症状加剧或出现自残行为或自杀倾向，必须立即联系心理教师进行评估。必要时，先召开校内研判会，然后启动多方会谈，在这个过程中，班主任负责及时联系家长到校，共同为学生提供及时、有效的帮助。

（3）班主任应积极鼓励学生主动、定期、有规律地寻求专业的心理咨询与帮助，让他们明白这不仅是为了他们个人的健康成长，更是一种积极面对生活的态度，不应存在任何的羞耻感或负面情绪；与家长保持密切的沟通，了解学生在家庭生活中的表现，必要时进行重点家访。在沟通过程中，与学校心理教师、校外心理专家及家长共同制订切实可行的心理干预计划，为孩子提供全方位的关怀与引导。这一计划应具备灵活性，能够根据孩子的实际情况进行适时调整，以满足其心理需求。

2. 不做：不见、不问、不理

（1）面对严重心理危机学生时，班主任应敏锐地觉察学生异常的心理状态、所遭遇的困惑与疑虑，切勿忽视、无视学生的心理问题。

（2）当发现学生情绪起伏或状态异常时，应及时关心询问，主动了解具体情况，切勿以冷漠的态度置之不理、不闻不问。

（3）班主任不能对学生的家庭背景置若罔闻，对家长提出的合理需求视而不见。对于那些深陷严重心理困扰的学生，其心理问题的根源并非仅限于个体，更多的可能源于家庭内部交往模式与氛围的潜移默化的影响。对家长的合理需求的了解、对学生家庭相处模式的了解，都有助于班主任开展更深入的学生工作。

3. 指导意见

在处理第二类危机学生的问题上，班主任应当采取一系列细致入微的举措：

（1）对学生的关注需深入，不仅要关注他们的学业进展，还要细心洞察他们的情绪变化和心理需求。

（2）一旦发现任何问题或异常，应立即向上级报告，确保问题得到及时、妥善的解决。同时，班主任应定期与家长保持联系，分享学生的在校表现，共同为学生提供稳定的成长环境。

（3）在确保学生生命安全这一首要任务得到保障的前提下，我们还应当提供必要的情绪支持，帮助学生摆脱困扰，重拾信心，引导他们顺利回到正常的学习和生活轨道上。

（4）与家长沟通时，班主任尽量做好文字记录，保留文字沟通记录，以便日后查阅。若了解到学生在校外有任何心理相关的就医、咨询、服药记录，也应第一时间告知心理教师。

4. 案例

张明（化名）的家庭近期频繁出现争吵且其父母已经提出了离婚，这给他的心灵带来了巨大的冲击。在学校里，他无法集中精力学习，内心充满了不安和焦虑，情绪也变得十分低落。他的班主任在观察到他的情况后，立即尝试与他进行深入的沟通，希望了解他的内心想法，然而张明却不愿意表达自己的感受。

面对这样的情况，班主任没有忽视这个问题，而是及时向学校的心理辅导站报告。心理辅导站在接到报告后，立即对张明的情况做了详细的评估，结果表明他已经出现了中度抑郁的症状，这使得大家深感忧虑。心理教师建议，这种情况需要及时就医，以便尽快得到治疗。

班主任与张明家长进行了充分的沟通，强烈建议他们尽快带孩子接受专业的心理咨询和治疗。同时，班主任也在学校内部为张明提供了更多的支持和帮助，比如安排心理老师对他进行专门的辅导，以及提供其他形式的支持。

在班主任、家长及学校其他相关部门的共同努力下，张明逐渐愿意敞开心扉，接受大家的帮助。经过一段时间的专业治疗和心理辅导，他的抑郁症状得到了显著的改善，张明重新找回了生活的热情和动力。

（三）存在重大心理危机（第三类危机）的学生

1. 必做：就医、劝导、留痕

（1）在心理辅导站对学生进行评估后，根据评估情况，班主任需要迅速与家长沟通，将评估结果和后续处理意见告知家长。若心理教师的建议包括让孩子接受专业的心理治疗，班主任必须要求家长积极配合，带领孩子去医院进行治疗。如果家长愿意及时带孩子就医，班主任需积极协助，根据医院的治疗要求，尽量配合学生完成治疗。同时，班主任需要时刻关注学生的治疗进展，并及时向学校心理辅导站反馈，与心理教师共同制订紧急情况干预计划，以应对可能出现的突发状况。

（2）若家长不愿意带孩子就医，班主任需劝导家长对孩子的心理问题高度重视，劝导孩子接受专业帮助，强烈建议定期复诊和治疗，在必要情况下离开焦虑、抑郁环境进行调整。对于家长提出的不合理或者不符合学生利益的需求，班主任应当负责任地将其上报给学校的相关领导，在管理层面进行专业的评估和处理，如有必要，则由班主任牵头组织协调多方会谈，以寻求解决方案。

（3）班主任需定期与家长保持联系，持续关注。在与家长沟通时，班主任需做好工作留痕工作，确保沟通有记录，会议、语音有录音，并定期将这些记录（包括学生的近期表现）

整理上报学生处。尤其是在面对高自杀风险的个体时，班主任需要更加细致、耐心地开展工作，确保每一个步骤都做到位，以保护学生的生命安全。

2. 不做：拖延、忽视、强制

（1）针对那些有高自杀风险的学生群体，班主任应当秉持的首要原则就是绝不延误任何时间。一旦注意到学生表现出任何异常的迹象或行为，班主任必须立即行动，毫不犹豫地将情况报告给年级组、学生处、心理辅导站。在完成初步的评估之后，班主任应当立即与学生的家长进行沟通，确保他们了解孩子当前的危险状态。

（2）当发现学生出现可能的心理危机，班主任切不可以先入为主的观念或过往经验，忽视其问题的严重性和高风险性，应保持高度警惕，及时进行谈话或转介至心理教师进行评估。

（3）警惕某些可能出现的错误行为。比如，在发现学生出现了严重的心理问题后，一些班主任并没有采取适当的处理措施，反而坚持让学生继续执行常规的学习计划，延续高强度的学习节奏，不允许他们请假，不允许他们寻求医疗帮助，甚至不允许他们与专业的心理教师进行交流。这种处理方式是极其错误的，不仅不能解决问题，反而可能加剧学生的心理压力，使问题变得更加严重。

3. 指导意见

（1）针对那些存在重大心理危机的第三类危机学生，确保学生的生命安全是第一原则。

（2）班主任一旦发现第三类危机学生，需及时向学校的心理辅导站和年级组汇报情况，转介至心理教师进行专业评估，以明确进一步的干预方向，不可简单处理。

（3）第三类危机学生的干预是一个长期的过程，不是一次性的干预，因此在班级管理中班主任需保持耐心和敏锐，尊重、帮助学生，不特殊对待。

4. 案例

田芸（化名）是一个正处于成长阶段的学生，她面临着来自学业的巨大压力，同时也深受家庭亲子关系的影响。这种双重压力使得她无法承受，最终导致她出现了重度抑郁的症状，并且产生了自杀的倾向。

幸运的是，田芸的班主任及时发现了她的异常情况。班主任非常负责任，他立即向年级组和心理辅导站上报了这一情况。心理辅导站对田芸的情况进行了评估，并要求她前往校外就医，以便接受专业的治疗。

为了确保田芸能够得到及时的治疗，班主任与家长进行了多次细致且耐心的沟通。经过一番努力，家长终于同意带孩子去医院接受专业的心理治疗。同时，班主任在学校内也为田芸提供了紧急的支持和帮助，比如安排心理老师陪伴田芸等。

在这段时间，班主任和心理辅导站都做了详细的工作记录和沟通记录，尤其是将与家长的所有沟通都记录下来，以备后续参考。尽管面临巨大的压力，田芸在多方协助下，坚持到了高三的最后一个月。

面临高考的压力，田芸表现出了极强的焦虑和不安的情绪。班主任观察到这一情况后，再次及时上报，并经过心理辅导中心评估，认为田芸不适宜继续学业，应该脱离校园环境，及时治疗。然而，校方与家长多次沟通，始终未能达成一致意见，家长坚持要求田芸在校内学习。

在这种情况下，班主任积极协调，由心理教师启动了多方会谈，并做好所有沟通的详细记录。然而，在多次沟通无果后，学生与家长发生了激烈的冲突，甚至做出了不理智的行为。幸运的是，学校及时发现了这一情况，并迅速采取措施，将学生送往医院救治。

最终，得益于班主任和心理辅导站平日细致的工作，他们保留了足够的工作痕迹。在事发后，班主任及时关注，多次沟通，并与家长保持了良好的家校关系。这些努力最终使得事情没有进一步发酵，田芸也得到了良好的治疗。

二、干预工作中的注意事项

（1）及时上报，多方沟通，工作留痕，发现问题及时上报年级组、心理辅导站，多方协调沟通，共同发力。

（2）密切关注学生的心理状态变化，及时调整干预策略。

（3）鼓励学生寻求心理辅导的帮助，如果学生愿意接受心理辅导，提醒学生按时参加。

（4）在自己能力范围内帮助学生、提供情感支持，同时做好保密工作，保护学生的个人隐私。

（5）与请假在家和休学的学生保持联系，定期了解学生的情绪状态、就医和药物使用情况、亲子关系状况、生活状态，并把相关信息反馈给心理辅导中心记录存档。

（6）请长假或休学的学生申请重新回校时，需及时向年级组、学生处及心理辅导站报备，经心理辅导站评估及学生处同意后，学生方可返校。同时，班主任需提醒家长和学生在评估前提交相关证明（诊断书、病历、处方单、心理测试结果），精神科医生开具的诊断书上必须写有"情绪状态稳定，建议试复学"等字样，并且加盖医院公章。

（7）尊重学生及家长的意愿和需求，不强制他们接受干预。

（8）与家长保持良好的沟通，共同为学生的心理健康保驾护航。

（9）不断学习和提高自己的心理专业知识水平，以更好地为学生提供帮助和支持。

第五节　休复学指导意见

近年来，青少年的心理健康状况不断引来社会的关注。休学率、复学率连年上升，曾因心理健康问题休学的学生，在重返校园后会遇到各种困难，比如学业断层需要修复、在意他人的眼光、与同学交往困难、对未来感到迷茫等。如何帮助休学的孩子顺利重返校园是社会各界关注的话题。借鉴一些学校现有的工作流程，杭州学军中学制订了《中小学心理问题学生休/复学指导意见》，对学生管理工作提出了一些建议与意见。

一、休学

（一）定义

休学是指学生因故不能继续学习，经学校同意，保留学籍，暂停学业。学生休学期原则上为 1 年，休学期未满，不得提前复学。

（二）指导意见

休学期间，为更好地帮助学生尽快恢复健康，重返校园生活，家长和老师应根据以下指导意见，携手配合，持续关注学生的心理状态。

（1）在休学期间，为保证学生的身心得到更好的恢复，家长应当严格按照医生的嘱咐和建议，确保学生定期前往专业的医疗机构进行复诊。定期复诊对于监测孩子的状况、及时调整治疗方案及预防潜在问题至关重要。具体而言，家长应与医疗机构预约，确保每次复诊的时间不会与孩子其他必要的活动冲突。在复诊前，家长还应细心观察孩子的身体状况和行为变化，记录新出现的症状或改善的迹象，以便在复诊时向医生提供详细而准确的信息，帮助医生进行更精准的评估与治疗。此外，家长还应积极参与孩子的治疗计划，根据医生的建议，在家中创造一个有利于孩子身心恢复的环境，包括调整饮食、保证充足的休息、进行适当的锻炼或执行特定的康复训练等。通过家校医的紧密合作，共同促进孩子的全面康复，为其重返校园做好充分准备。

（2）在休学后的前半年，班主任肩负着特别重要的责任，需要定期联系与关怀休学的学生。这不仅是为了确保学生得到必要的关注和支持，更是为了及时了解他们的近况、康复进展及心理状态。班主任应尽量做到每月至少进行一次线上或线下的回访，并填写《休学学生家访记录表》（见附录13），以便随时掌握学生的动态，也为后续的教育提供有力的依据。在回访过程中，班主任要耐心倾听学生的感受和困惑，给予积极的引导和建议，帮助他们解决问题。在休学的最后两个月，班主任需要做到每月一次回访，这时要特别叮嘱学生逐步将作息调整到接近学校的作息时间，帮助他们更好地适应即将到来的复学生活。同时，班主任也要与家长进行密切沟通，让家长从旁监督，共同协助学生顺利完成这一过渡阶段，确保他们在身心各方面都做好充分的准备，以便健康、自信地回归校园。

（3）对于未经心理老师评估的休学学生，在办理完休学手续之后，班主任需要承担起额外的责任。他们应及时与学校的心理老师进行沟通，详细介绍休学学生的具体情况，包括学生的学习状态、行为表现、情绪变化及导致休学的可能原因等。这样的沟通能够帮助心理老师更全面地了解休学学生，从而在未来可能需要的时候，提供更具针对性和个性化的心理支持与辅导。同时，班主任还应确保将所有相关的学生信息做好备案，以便随时为心理老师或学校其他相关部门提供必要的参考。通过这样的协作与备案机制，学校可以更好地保障每一位休学学生的心理健康，为他们提供必要的关怀与支持，助力他们顺利度过困难时期。

（4）在休学期间，学生需要特别注意保持规律的作息，这是顺利复学的重要基础。根据学生的具体情况，班主任和心理老师应共同为学生制订具有针对性的休学计划。在休学的前半年，学生应以身心恢复为主，每天保证充足的睡眠，参加如散步、跑步等适度的体育活动和放松训练，以缓解压力，恢复体力和精神状态。在后半年，随着身心的逐渐恢复，学生可以适当地参与一些社会性活动，如社区服务、文化交流、志愿活动等，以帮助他们重新融入社会，增强社交能力。同时，学生也可以在休学期间补习弱势学科，比如参加在线辅导课程、学习小组等，逐步提升学习成绩，为复学做好准备。通过这样的分阶段恢复计划，学生可以更加全面地恢复身心状态，为顺利复学打下坚实的基础。

（三）资源支持

在休学期间，学生可根据自身需要通过以下途径获取相应的校外心理资源（见附录14、附录15），得到专业的心理支持与帮助。

（1）家长可订阅"杭州妇联"公众号，预约家庭教育个案咨询服务。该服务针对杭州市 0-18 岁儿童、青少年家庭，采用一对一辅导方式，帮助家长改善亲子关系，应对家庭教育中的挑战。

（2）家长可以通过西湖区和谐心成长热线 0571-88062525
（工作日 18:00-21:00）预约当面辅导（周六白天）。

（3）家长可拨打杭州市教育局家庭教育指导热线 0571-
88825885（工作日 18:00-21:00）。

（4）家长可关注"之江汇教育广场"公众号，点"我要
学习"，选择"数字学校"，或在电脑端输入 szjx.zjer.cn 自主
选择课程，参与家庭教育相关内容的学习。

二、复学

（一）定义

复学是指学生中途停学一段时间后再回学校上学。学生休
学期满后，应当及时申请复学。

（二）操作流程

复学操作流程如下（图 3-1）。

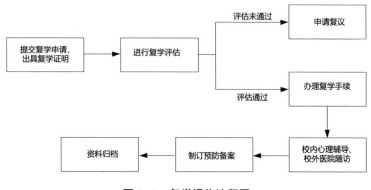

图 3-1　复学操作流程图

　　休学期满且符合复学条件的学生，可由父母（监护人）向学校提交复学申请，并提供校外专业医疗机构出具的复学证明、休学期间就诊记录等材料。之后，将材料提交给学校学籍管理人员。材料审核通过后，由心理教师对复学学生及家长进行复学心理评估，并填写《学生复学心理评估记录表》（见附录 16）。

　　若复学评估通过，则由班主任带领学生和家长办理复学手续。复学之后，校内定期对学生开展心理辅导，尤其是复学后第一个月，心理教师与班主任应密切关注该生在校适应情况，与家长保持联系。校外，心理教师应督促学生定期前往医院复诊，做好心理动态跟踪，并根据学生的心理状态制订详细预案。最后，心理教师将学生所有相关资料整理归类，建立完备的个人档案。

若学校评估不通过（不建议该生复学或暂缓复学），但家长 / 学生对评估结果存在异议，则由学校启动复议机制，向复议小组提交申请，由复议小组共同进行专业复学评估。复议小组评估意见一旦产生，必须予以执行。

复学心理评估是复学流程中最为关键的一个环节，心理教师在开展访谈之前，需要审核学生和家长提交上来的专业医疗机构做的各种测试结果和评估意见，审核通过后再联系家长，约定好时间和地点后开展心理访谈。心理访谈是学生返校复学评估过程中的重要环节。心理教师需要通过与学生和家长的交流和沟通，全面了解学生当前的情况和心理状态，综合评估后给出专业评估意见，并填写《学生复学心理评估记录表》（见附录16）。

复学心理评估内容构成如下：

1. 针对学生个人开展结构化访谈

心理教师与学生的访谈内容可以分为三个部分，分别为休学前状态、休学期间情况及当前心理状态。

（1）心理教师需要与学生确认休学前的主要心理问题、情绪状态、学习情况、人际关系等，尤其需要关注的是休学原因、就医经历、是否有过自杀或自残情况等。

（2）休学期间，学生的在家状态是评估学生能否顺利复学的关键因素。心理教师应详细了解学生在家期间的情绪状态、学习情况、睡眠饮食、社会功能等。若学生在家期间能够保持良好的睡眠与饮食，情绪稳定，能适当进行学习和运动，定期复诊，那么复学之后学生大概率能够较好地适应学校生活。此外，休学期间定期复诊是学生恢复健康状态的必要条件，因此心理教师还应对学生的治疗情况及自伤、自杀风险性进行评估。若学生仍具有较高自杀风险，则需进一步进行治疗和干预，暂缓复学。

（3）心理教师需要了解学生目前的学习能力是否能够适应复学后正常的学习生活，对于过往休学原因是否产生新的看法与应对方式，面对将来可能遇到的问题是否有自我调节的方式，以及学生个人是否有复学意愿，等等。学生需要认识到，复学之后可能会遇到的问题，如学业压力、人际关系、新的班级环境等，并预设好相应的应对方式，才能更好地回归正常的校园生活。

2. 针对学生家长进行结构化交流

在复学评估中，不仅需要与学生进行沟通，也需要从家长的角度了解学生的情况。在与家长的沟通过程中，心理教师需要了解家长与孩子的亲子关系、沟通状况、教养方式，以及孩子在家的生活状态和就医情况等。

同时，心理教师也应向父母明确告知孩子复学后可能会面临的压力与出现的状况，如学业压力大、无法较好地适应学习生活、班级人际关系不良等，需要评估家长在学生复学期间是否能够给予孩子足够的理解、关心与陪伴，并提供外在的支持，如定期带孩子就医、接送孩子上下学等。

最后，建议家长在学生复学适应期尽量通校陪读。

3. 心理教师综合学生情况给出专业评估意见

心理教师通过量表测试和心理访谈，全面整合多方信息与建议，经过共同商议与讨论，形成初步评估意见。评估要点包括主要心理问题或症状评估、高危评估、校园适应能力评估、社会支持评估四个方面。

（1）心理教师将学生休学前的主要心理问题或症状与当下的心理状态进行对照比较，评估学生的主要心理问题或症状是否已有显著的改善。若学生仍存在显著心理问题，尚未有所好转，不建议复学。

（2）生命安全是个体发展的基础与根本。出于学生自身发展及学校安全责任等考虑，不建议仍具有较高自伤、自杀风险的学生复学。如学生在近期有明确的自伤、自杀计划或意图，或近期实施过自伤、自杀行为等，属于高风险性学生，建议其继续休学并进行治疗。

（3）休学期间，学生脱离学校严格的作息时间，远离繁重的学业和烦琐的人际关系，因此不适的心理问题逐渐得到改善，但随之而来的是与学校生活的脱轨与排斥。想要顺利回归校园生活，需要学生自身拥有强烈的复学意愿，而非迫于家长的要求。学生需要做好充分的心理准备，重新面对曾经出现过的学业、人际、环境等问题，以及未来可能会出现的新的状况，如学业跟不上、学校生活不适应、新班级没有好朋友等问题。如果没有充分的心理准备及有效的应对方式，那么学生重返校园后，仍可能出现不适的心理问题。

（4）当学生返校后，难免需要一段重新适应校园生活的过渡期，尤其是复学后的第一个月。而在这段过渡期中，家人和同伴的支持、鼓励和陪伴是至关重要的。因为当学生返回校园后，可能会进入新的班级。作为一名新转入的学生，或多或少会缺乏安全感和归属感，尤其是性格内向敏感的同学，容易产生人际交往和环境适应问题。因此，心理教师需要评估学生是否拥有良好的同伴关系、亲子关系，家长是否能够给予孩子足够的积极关注、理解关心孩子，亲子之间沟通是否融洽，能否在外在条件上满足孩子的需求，等等。

（三）指导意见

（1）复学后的首月是学生重新适应学校生活的关键时期。为确保学生顺利度过适应期，学校应设定一系列适应指标，包括：①保证出勤率，以体现学生对学业的持续投入和责任感；②未发生危机事件，以表明学生在校园内的行为稳定和情绪控制；③能够按时提交适量作业，以展示学生的学习态度和学业进展。若学生因特殊原因不能保证相应的出勤率，家长需及时与学校沟通，并提交请假单，说明请假原因、预计返校时间，以及是否需要学校提供特别帮助等。家长的配合与支持对于帮助学生尽快适应复学生活至关重要。

（2）对于复学学生而言，他们在校期间的学习和生活状态尤为重要。若复学学生出现长期请假的情况，班主任需特别关注，并采取相应措施。在重大时间节点，如学期中、学期末或关键考试前后，班主任应对该生进行重点家访，了解学生目前的心理状态及表现，如情绪状态、就诊情况、日常安排、亲子关系、返校意愿等。班主任还可以通过线下家访了解学生的学习环境、家庭支持情况及可能存在的困难或挑战等。这些信息对于班主任制订个性化的辅导计划、提供有针对性的帮助和支持至关重要。同时，班主任还需及时填写《针对因心理问题长期请假学生的定期家访情况登记表》（见附录17），详细记录家访情况，以便后续跟进和评估学生的复学适应情况，并与学校管理层、心理教师等其他相关人员共享信息，共同为学生的顺利复学提供支持。

（3）复学后，班主任不仅要关注学生的学业表现，更要密切关注其心理状态。学生复学后可能面临各种心理挑战和压力，如学业压力、人际关系、自我认同等。班主任通过日常观察、交流谈心等方式，可以及时了解学生的心理动态，发现潜在问题。适时与学生进行重点谈心，有助于学生释放压力、解决困惑，更好地适应学校生活。在谈心过程中，班主任应该倾听学生的心声，提供情感支持，帮助学生建立积极的心态，增强面对困难的勇气和信心。同时，班主任还可以根据学生的实际情况，提供具有针对性的建议和指导，帮助学生制订合理的学习计划、调整学习方法、改善人际关系，使其顺利恢复正常校园生活。

（4）心理教师在学生复学后扮演着至关重要的角色。他们应定期开展校内心理辅导活动，特别是复学后的第一个月，这是学生心理适应的关键时期。心理教师需要设计适合复学学生的心理辅导课程和活动，如情绪管理、压力缓解、自我认知等，以帮助学生调整心态、缓解压力。同时，心理教师还需与班主任、家长保持密切联系，共同关注学生的心理状态。心理教师不仅需要与班主任沟通，及时了解学生在学校的表现和心理状况，还需要与家长沟通，以便了解学生在家庭环境中的情况和需求。心理教师可以根据学生的实际情况，为家长提供家庭教育建议和指导，帮助家长更好地支持学生复学后的适应过程。同时，做好记录也是心理教师工作的重要一环，以便评估辅导效果、及时调整策略，并与学校管理层和其他相关人员共享信息，为学生的心理健康提供支持。

（四）案例

《学生复学心理评估记录表》（示例）如下（表3-4），用于记录学生情况。

表3-4　学生复学心理评估记录表（示例）

评估时间	××××年××月××日	心理咨询师		×× 老师	
姓　名	张××	性　别	女	年　龄	18岁
概　况	张××原为××级××班学生，因抑郁状态、睡眠问题（反复不开心一年余）前往××医院就诊，诊断为睡眠障碍、抑郁状态，自××××学年第×学期休学至今。现在到复学时间，学生与家人经过慎重商定，提出复学申请，并提供××医院出具的劳动（学习）能力鉴定书。根据我校心理危机预防与干预工作流程，所有因心理问题休学而后复学的学生，需要出示专业医疗机构的康复证明并由心理咨询室实施复学心理评估工作，因此心理教师对该同学进行复学心理评估。				
医院证明书内容	**1. 诊断意见** 睡眠障碍、抑郁状态。 **2. 证明事项** 患者治疗后情绪稳定，睡眠良好，建议复学。 医疗证明书出具单位：××××医院。 医疗证明书出具时间：××××年××月××日。				

（续表）

心理会谈评估	**3. 心理测量结果** （1）90 项症状清单（SCL-90）测试结果如下。 人际关系：性格内向、敏感，不习惯与陌生人交流。 敌对：很在意别人的眼光与看法，警惕性较高，偶尔会发脾气。 （2）汉密顿抑郁量表测试结果：无抑郁症状。 （3）汉密顿焦虑症状测试结果：无焦虑状态。 **4. 复学心理会谈评估情况** （1）一般观察：到来时从容大方，干净整洁，精神状态良好，表达自然流畅，眼神交流自如。谈话过程中言辞诚恳，会主动表达自己的想法。 （2）心理状态情况： ①情绪状况：情绪稳定。 ②躯体状态：在家期间睡眠较好，晚上 10:30-11:00 入睡，早上 7:00-8:00 起床，饮食正常，会进行跑步、撸铁等运动。 ③认知方面：认知能力良好，在家期间进行网课学习，周末在补习机构学习。 ④行为方面：无自残行为，无其他异常行为。 ⑤社会功能：愿意主动与他人沟通。 （3）家庭状况：亲子关系良好，与父母沟通顺畅。 （4）自伤、自杀风险性：近期无自我伤害的想法和行为。 （5）治疗情况和复诊计划：每月定期复诊，目前病情稳定。 （6）复学准备：该生对于复学有较充分的心理准备，复学意愿强烈。休学期间在家进行学习，学习能力良好。复学前保持良好的作息与饮食。学生已对复学后可能出现的不适应问题做好了心理准备。

（续表）

评估 结论	目前该生情绪稳定，饮食、睡眠正常，复学评估予以通过。
家校 沟通	在与该生和其母亲的沟通中，心理教师建议： （1）复学后需要接受学校心理咨询，尤其是入校第一个月。 （2）复学前，学生应保持良好的作息，逐渐与学校作息时间接轨。在学业方面，不必过多关注结果，专注当下，按部就班地完成当日任务，把握好学习节奏。专注于自己，不要过分在意人际关系。劳逸结合，利用课余时间多运动，适当放松，转移注意力，进行自我调节，必要时应向外界求助。 （3）在孩子的复学适应期，家长给予更多的关注、支持和陪伴，关注孩子的情绪动态。 （4）家长与学校、老师保持密切联系，及时向老师反馈孩子的情况。 学生和母亲表示会积极适应复学生活，如有不适，会及时和班主任、心理教师沟通。
评估 建议	（1）为了确保该生在适应期能够平稳过渡，家长高度关注学生的心理状态，给予更多的陪伴和支持。 （2）班主任营造安全、接纳的班级氛围，及时关注、关心学生的学习状况、情绪、行为等，若有异常及时上报，做好与家长、学校各处室的及时沟通。 （3）心理咨询室在该生症状稳定且自愿的情况下，提供力所能及的心理咨询服务，做好心理动态跟踪，并及时记录备案。
咨询师 签名	

第六节　危机事件应对

　　《中国国民心理健康发展报告（2021—2020）》显示，青少年群体中有 14.8% 的人存在不同程度的抑郁风险，高于成年群体。俞国良教授对近 10 年（2010—2020）我国大中小学生心理健康问题检出率进行分析，结果发现，小学生心理健康问题检出率由高到低依次是睡眠问题 (25.2%)、抑郁 (14.6%)、焦虑 (12.3%)、攻击行为 (4.1%)、退缩 (3.8%)、违纪行为 (3.7%)、躯体化 (3.6%)；初中生心理健康问题检出率由高到低依次为焦虑 (27%)、抑郁 (24%)、自我伤害 (22%)、睡眠问题 (17%)、自杀意念 (17%)、自杀计划 (7%)、自杀企图 (未遂)(4%)；高中生心理健康问题检出率由高到低依次是抑郁 (28.0%)、焦虑 (26.3%)、睡眠问题 (23.0%)、自我伤害 (22.8%)、自杀意念 (17.1%)、躯体化 (9.8%)、自杀计划 (6.9%)、自杀企图 (未遂)(2.9%)；大学生心理健康问题检出率由高到低依次是睡眠问题 (23.5%)、抑郁 (20.8%)、自我伤害 (16.2%)、焦虑 (13.7%)、自杀意念 (10.8%)、躯体化（4.5%）、自杀未遂（2.7%）。① 从数据中可以看出，学生自杀问题不容忽视，学校除了要做好预防工作，更要在危机事件发生之后，做到及时干预，减少事件带来的不良影响。

一、危机事件的类别

（一）非自杀性自伤

自伤，指个体有意识地伤害自己身体的行为，而非自杀性自伤。简单来说，就是没有自杀意图的蓄意自伤行为，是一种非适应性的情绪调节策略，如若实施不当，则可能引发意外，危害生命。通常来说，个体体验到强烈的、无法忍受的负面情绪，或是处于解离状态、感到麻木时，才会实施自伤行为。一方面，自伤行为会刺激大脑产生内啡肽，帮助缓解疼痛和负性情绪。同时，自伤行为带来的疼痛感让个体产生"我现在活着"的真实感，让处于解离状态而麻木的个体感到自己真实存在着。另一方面，自伤行为会让身边的亲人、同学、老师等产生更多的情感支持，从而强化自伤行为，使个体更加频繁地自伤，严重的可能会上瘾。

非自杀性自伤行为具有两大特性：一方面，非自杀性自伤

---

① 俞国良．中国初中学生心理健康问题的检出率及其教育启示 [EB/OL].2022-11-29.https://zhuanlan.zhihu.com/p/587686604.

行为在中小学校园内较为常见，具有常见性；另一方面，非自杀性自伤行为可能发生在身体较为隐蔽的部位或者实施者故意遮挡，导致其他人难以发现，具有隐蔽性。基于以上两点，对于非自杀性自伤行为，学校应予以高度重视，在处理非自杀性自伤事件时，可参照以下流程执行（图 3-2）。

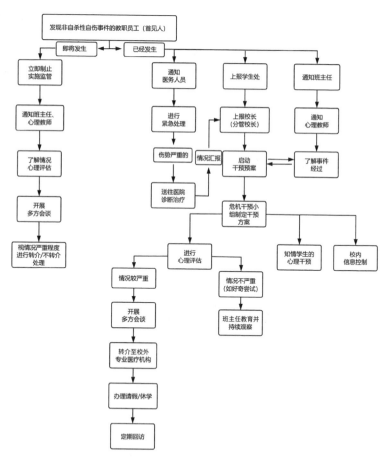

图 3-2　中小学非自杀性自伤事件干预流程图

在非自杀性自伤行为的干预流程中，应注意以下两点：

（1）对于已发生的非自杀性自伤行为和即将发生的非自杀性自伤行为，处理方式应有所不同；

（2）对于已发生的非自杀性自伤行为，应仔细辨别自伤行为的发生是否是跟风、好奇尝试等非心理问题导致的，这类学生的后续处理方法应与心理问题导致的非自杀性自伤行为的学生应有所区别。

（二）自杀未遂

1. 自杀未遂的定义

自杀未遂指的是出现了自杀意念的个体采取了自杀行为，但是由于各种原因并未成功，获得挽救的情况。

校园自杀未遂事件的处理又分为事件发生当下的处理和事件发生后的处理两种情况。自杀未遂事件发生时指的是当事人正处于实施准备或进行过程中，未造成严重伤害的情况（如学生站在楼顶准备跳楼）。自杀未遂事件发生后是指当事人进行并完成了自杀行为，但是未对当事人生命造成伤害的情况。

2. 自杀未遂事件发生时的干预

当自杀未遂事件发生时，一般遵循首见责任制原则，即在发现危机事件时，不管是什么身份，首见人即第一发现人。第一发现人应立即制止自杀行为的继续发生，安抚当事人的情绪，做好情况通知和汇报工作等，具体可按照以下流程进行干预（图 3-3）。

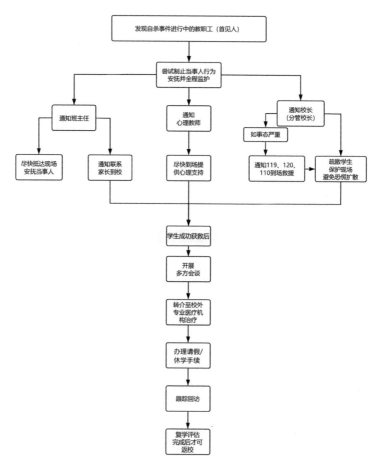

图 3-3　中小学自杀未遂事件发生当下的干预流程图

在自杀未遂事件发生的当下，如事态紧急，当事人自杀意念强烈、无法安抚制止的，应立即拨打 120、110、119 等号码，联系救援部门到场参与救援，尽可能挽救当事人的生命。另外，要注意现场人员的疏散和管控，避免恐慌扩散。

3. 自杀未遂事件发生后的干预

当自杀未遂事件发生后，学校应从两个方面进行干预：

（1）对自杀未遂当事人的干预。

危机事件发生后对于自杀未遂当事人的干预流程如下（图3-4）：

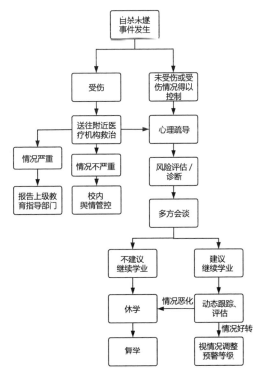

图3-4　自杀未遂危机事件干预流程

自杀未遂事件发生后，若当事人受伤，应第一时间将当事人送往附近医疗机构进行救治，保障其生命安全后，建议其进一步接受医院精神科诊断与干预。若当事人未受伤或受伤情况得到有效控制，应尽快联系专业医疗机构对其心理状况进行专业诊断、风险评估，同时召开校内研判会，共同商议后续援助方法。在这里要强调的是，对于情况较严重的自杀未遂事件（如跳楼后重伤），需上报上级教育指导部门。对于情况较轻的自杀未遂事件（如服药过量但通过洗胃方式挽救的），可以酌情处理。

对于情况评估后可以继续学业的，学校应采用三级跟踪管理制度，对学生的心理状况及时跟踪了解，同时在班级内安排责任心强的心理委员对该生持续关注，如发现任何异常，及时报告班主任。

对于情况评估后认为不适合继续学业的，立即启动多方会谈，学校应协助家长办理好休学手续。在休学期间，班主任 / 心理教师定期了解该生的康复情况，给予关心和建议。学生在休学期满后若想重返校园，个人意愿强烈的可按照复学操作流程办理（具体可参照第三章第五节），提供三甲以上专业医疗机构出具的有医院盖章的复学证明，经心理教师评估后方可返校。

（2）对自杀未遂事件其他相关人员的干预。

危机事件的发生，也可能给与事件相关的其他人员带来负面影响，严重的甚至可能带来心理创伤。所以，危机事件发生后的干预，也应该将与事件相关的其他人员一并纳入干预范围。

相关人员指的是目击者及与当事人接触较多的人员。目击他人跳楼、割腕等自杀行为，会给目击者带来很大的心理压力，引起强烈的心理冲击，严重者将造成心理创伤，影响其正常生活、学习和工作。目击者的身份也不限于学生，教师、职工、学校后勤人员等都可能成为危机事件的目击者。此外，即使没有目击事件的发生，自杀未遂当事人的同学（特别是同班同学、同寝室室友）、朋友、教师，都自然地是相关人员的一部分，危机事件的发生同样会对他们的心理产生影响。

危机事件发生后的 24—48 小时是最理想的干预时间，在最佳干预时间到来前，学校应做好相关人员的筛查工作，锁定需要进行心理干预的对象。由于涉及的对象可能数量较多，学校除了动用校内心理力量之外，还可以向上级教育指导部门寻求帮助，请专业的危机干预队伍进校协助开展危机后的干预工作。对于危机事件其他相关人员的干预大致有以下几种形式：

①针对目击者的应激晤谈。由于目击者在事件发生时受到的冲击最大，所以应着重对目击者进行心理干预，提供有效的

心理支持，帮助其缓解焦虑和压力。应激晤谈应由专业人员负责组织，期间不录音、不记录。

②组织班会活动或小型讲座。对于未目击到危机事件的相关人员，他们可能会从其他人的口中得知事情经过，如果不加以引导，可能会给他们的心理带来负面影响。如果相关人员与事件当事人关系较亲密的话，即使未目睹该事件的发生，也会产生很大的恐慌和心理压力。所以，危机事件发生以后，应在当事人的班级中组织针对此次危机事件的班会活动或小型讲座，帮助相关学生、教师梳理个人情绪、厘清事件脉络，在安全的环境里合理宣泄负面情绪，共同渡过难关。

③小型工作坊。危机事件发生后，学校应对相关人员进行一段时间的跟踪观察，如观察到人员情况未有好转甚至恶化的，应及时干预介入，其中一种方式就是设置工作坊，让有共同困难的人员形成互助关系，帮助彼此走出困境。

二、危机干预的分工

在危机事件发生后，学校各方应快速响应，根据应急处理预案迅速行动，将事件带来的负面影响降到最低。学校应组建好应急事件处理小组，定期开展人员培训和指导工作。小组成员应包括：校长、分管德育工作校领导、学生处主任、年级组长、班主任、心理教师。学校如与校外医疗力量合作，也可将专业医生纳入小组，形成教卫融合的应急处理模式。

应急事件处理小组的具体分工如下：

（1）心理教师。心理教师应在事件发生后及时对当事人及相关人员进行心理辅导与干预，积极推进对当事人的风险评估和心理状况评估，及时调出、整理当事人的心理档案，向分管领导汇报当事人的情况。

（2）班主任。危机事件一旦发生，班主任应第一时间保护好现场，并联系学校分管校长汇报情况，第一时间联系家长，如有必要，立即将学生送往附近医疗机构救治。如班主任离开班级，应安排其他任课教师管理，做好班级其他学生的引导工作，避免产生恐慌。

（3）年级组长。年级组长应做好年级里教师、学生的舆情管理工作，避免恐慌扩散。如有必要，应及时通知各班级学生不出教室，等事件处理完成后再恢复正常活动。

（4）学生处主任。学生处主任分管德育工作，是学校心理工作的重要负责人之一。危机事件发生之后，学生处主任一要协助班主任做好当事人的安全保障工作及与家长的沟通工作，二要积极向心理教师了解该生的具体情况，方便与家长进行沟通，三要向分管校长及校长做好汇报工作。

（5）分管德育工作校领导。分管德育工作校领导得知情况后应第一时间向校长汇报，同时到现场维护秩序，做好舆情管控工作。

（6）校长。校长得知情况后应视情况严重程度考虑是否向上级教育主管部门汇报。如情况严重的，需第一时间上报，并在厘清情况后将事情经过进行第二次详细汇报，在上级教育主管部门的指导下开展下一步的工作。同时，校长应向上级教育主管部门请求心理援助，在专业力量的指导下帮助学校师生平稳度过危机后的应激期。

若班主任是危机事件的第一发现人，可遵循以下流程及时应对处理（图3-5）。

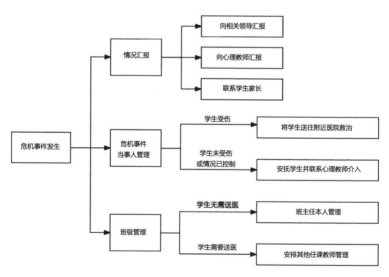

图3-5　班主任危机事件应对流程

班主任在危机事件应对过程中要注意，不仅要做好危机事件当事人的管理工作，也要做好向上汇报及班级管理工作，保障学生安全，避免事态扩散。

若任课教师是危机事件的第一发现人，可遵循以下工作流程及时应对处理（图3-6）。

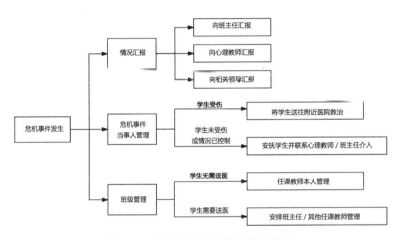

图3-6 任课教师危机事件应对流程

任课教师的应对流程与班主任应对流程有许多相似之处，但也存在一些差别：一是任课教师有向班主任汇报情况的义务，并由班主任联系家长沟通情况，不建议任课教师直接联系家长；二是如果危机事件当事学生没有受伤或情况已控制，不需要送医，任课教师应立即联系心理教师、班主任介入，对学生进行安抚和心理疏导。

三、指导意见

（一）及时做好上报工作

1. 非自杀性自伤事件

对于非自杀性自伤事件，视严重程度和频次考虑是否上报。如自伤情节严重或十分频繁的，需要及时上报；如只是临时性或者一次性发生的自伤行为，则可以考虑继续观察。

2. 自杀未遂事件

对于自杀未遂事件，如学生受伤情况严重的，需第一时间上报上级教育指导部门，以应对可能的舆情风险。同时，上级教育指导部门也可以指派专业力量帮助，进行事件处置。但是，自杀未遂事件中也有例外，如学生因一时冲动滥用药物、未造成严重伤害的，此类情况可继续高度关注，视后续发展再酌情上报。

（二）做好风险评估，提高预防和干预力度

本节提到的所有危机事件类型都需要做风险评估，判断当事人是否有继续风险行为或升级风险行为的可能性。风险评估可以帮助预测风险，也可以帮助学校制订和调整预防措施与干预方案。风险评估可由心理教师实施或在专业医疗力量的协助

下实施，或转介至专业医疗机构进行评估，同时需要班主任、家长的积极配合。

1. 自杀风险评估

无论是实施了非自杀性自伤的学生还是自杀未遂的学生，学校都希望了解其后续自杀风险情况，以做好预防和干预方案。在非自杀性自伤及自杀未遂事件发生后，情况严重的，建议立即转介至医院进行自杀风险评估，以专业医疗建议为指导，设计下一步方案。

2. 社会支持情况评估

社会支持情况的评估可在家长、班主任的支持与配合下，由心理教师完成。若评估后社会支持程度较低、后续风险较大，需要在同伴关系、家庭关系上予以支持。

3. 既往病史及家庭遗传病史调查

若存在既往病史或家族遗传病史的，后续风险较大，需重点警戒。若学生在危机事件发生后已经请假或休学的，校方需定期跟踪了解治疗和康复情况；若学生在危机事件发生后仍旧在校内就读的，校方需重点警戒，启动四级跟踪管理制度，保障学生安全。

（三）医校合作开展教师系列培训，提高教师危机认识水平与应对能力

1. 班主任心理危机处置工作技能培训

相较于其他老师而言，班主任在日常工作中与学生交流的机会最多，也是家校沟通的桥梁，对学生家庭情况也更加了解，在危机事件发生的时候，班主任通常是第一发现人。所以，学校需要认真做好班主任群体的培训工作，增强班主任的心理危机处置知识储备，提升班主任的心理危机处理能力。

一般来说，学校在每学期开学初需开展一次班主任心理健康工作培训，此项培训往往由学校专职心理教师负责，涉及的内容不仅包括开学初全员心理普查与危机筛查工作布置，还有一些学生心理健康知识及危机事件应对方法的普及。但是，临床上学生心理健康问题的形势变化很快，一些危机处置的方法也在不断变化，学校心理健康专职教师对于这些相关知识的更新与趋势的把握不一定能跟得上，因此也需要专业医疗力量的支持与帮助。所以，建议学校采取两种方法：一是由专业临床医生直接进校参与班主任心理健康培训工作，提供专业指导和建议，如班主任有疑问，可现场提问答疑，方便问题及时解决；二是学校专职心理教师与专业临床医生交流沟通后，仍由心理教师组织班主任开展心理健康培训工作。各校可根据自身实际情况选择。

2. 面向全体教职工的心理健康知识培训

除心理教师、班主任以外，学校领导、年级组长、任课教师及学校其他职工乃至后勤人员，也是学生心理危机事件处置工作中的重要组成部分，都需要具备充足的知识储备和高度的思想重视。

各校可利用教工大会等契机，邀请专业临床医生定期开展面向全体教职工的心理危机处置工作技能培训讲座，将心理健康培训常态化，不断提高学校全体教职工的思想认识高度和工作能力水平，共同守护学生的心理健康。

（四）心理专家进校园，促进家校医合作

很多学校的心理教师、班主任等可能从未碰到过心理危机事件，当危机事件来临时，即使接受过培训，但面对急需心理疏导的危机事件的当事人及事件相关人员，也可能会感到无力，不知道怎么帮、帮到什么程度。在这种情况下，专业医疗力量的介入就显得尤为必要。危机事件发生后，不仅需要专业医疗力量对当事学生进行评估、诊断，更需要专业医疗力量对当事人学生、相关人员进行及时疏导，同时为心理教师、家长提供专业的干预建议，促进家校医共同合作。

（五）搭建医校沟通平台，实现精密跟踪与长期有效干预

在实际操作中，学校偶尔会碰到对学生就诊情况掌握不清晰的问题：一是家长向学校沟通交流孩子的就诊情况时不配合，对医院就诊意见故意瞒报、错报；二是家长、学生对其就诊情况理解有偏差而导致传达有误，造成学校掌握信息不精确的问题。这些问题的产生和存在不仅反映出家长对心理健康相关知识的欠缺，也反映出医校沟通平台尚未有力有效搭建的实际困难。

总的来说，为了做好学生心理危机事件的应对工作，加强对危机学生心理健康的支持，需要各校在心理危机事件处理全流程中加强与医院之间的有效合作，搭建医校之间双向联系的"绿色通道"，做到医院精准干预、学校动态跟踪，多途径、多方式提升心理健康服务能力，帮助有需要的学生走出困境。

"绿色通道"的搭建是推进学校心理健康工作时迫切需要迈出的关键一步，也是守护学生心理健康的有效路径。当危机事件发生后，学生是否可以返校继续学习，是否有入院治疗的必要，是否有休学在家康养的需要，经过一段时间的治疗后有哪些改善等，这些信息的准确速达，需要医校沟通平台的存在。了解这些信息有助于学校制订针对该生的具体的干预帮助计划，如该生申请复学时，可以通过这些信息提供更加切实的帮助。

附　录

附录1

安全责任承诺书

_____学校：

您好！我是贵校__年级__班级_____同学的家长。由于孩子出现心理问题，学校已对他/她进行了一系列的干预辅导，后转介至校外心理专科医生，经医院诊断为_____，医生建议定期复诊，按时服药，家长陪伴并持续接受心理治疗。孩子目前的情况不适宜继续留校学习，学校强烈建议孩子暂停学业，由家长陪同监护，并定期带其接受心理治疗，辅以药物治疗，直至康复。

但经一家人商量，孩子和我们仍然希望继续留校正常学习。现特作如下承诺：第一，每周与班主任沟通孩子的心理状况，定时复诊，家长负责其个人安全；第二，退出学校住宿，家长陪读并照顾孩子生活起居，每天负责上下学接送；第三，若孩子在校学习期间出现较大情绪及行为波动，家长立即到校接回并继续治疗直至其状态稳定；第四，在此期间，如有任何意外情况发生，家长愿意自行承担相应责任。上述承诺，承诺人将严格守约。

希望贵校予以批准，谢谢！

家长签名（父母双方）：_____

家长联系电话：_____

日期：_____年___月___日

附录2

不自我伤害契约书

姓名		性别		生日	年 月 日
学号		班级		年龄	
联系方式		家庭地址			

　　我对自己目前的心理问题和严重程度有所了解，但仍希望继续留校读书。我与辅导老师约定，自今日起，会好好爱惜自己，无论在怎样的情况下，我都不会做出伤害自己或他人的行为。但是如果发现自己情绪低落，很难控制自杀念头、冲动行为或伤害他人的想法时，我会立刻打电话给心理老师、班主任、家人、朋友或同学，或直接前往学校心理辅导室或班主任办公室，以寻求帮助。若无法联系到心理老师或班主任，我也会及时拨打危机干预热线请求协助。

　　我清楚我的自伤（伤人）行为将会造成咨询必须中断的结果。一旦我有自伤（伤人）的行为，学校将立刻启动危机个案紧急处理系统，通知我的班主任及家长。

　　　班主任姓名：　　　　　电话：

　　　家长姓名：　　　　　　电话：

　　　若我想自我伤害，我会先联系：

　　　1. 姓名：　　　　与我的关系：　　　电话：

　　　2. 姓名：　　　　与我的关系：　　　电话：

　　　3. 姓名：　　　　与我的关系：　　　电话：

　　　※ 补充信息：

　　　24小时危机干预热线

　　　紧急情况下 110

　　　希望24热线（全国）....................................4001619995

　　　杭州市心理危机干预热线 0571-85029595

　　　　　　　　　　　　　立约人：

　　　　　　　　　　　校心理辅导站（盖章）：

　　　　　　　　　　　　　立约时间：　年　月　日

附录3

学生心理危机预警登记表

编号： 登记时间：

姓名		性别	
班级		联系电话	
家庭住址		毕业学校	
主要问题及表现			
家庭情况			
初步干预措施			
班主任签名		心理辅导站盖章	

附录4

中小学生心理访谈提纲记录表

第一部分：具体事件、实时心情	
a1	你最近两周的心情怎么样？ ①很快乐、开心； ②比较愉悦、平静； ③有点小烦恼； ④很烦恼、痛苦（包括愤怒、绝望、抑郁等）。
a2	如果有烦恼，你最烦恼的事情是什么？ ①学习方面：考试成绩不好，做作业，被老师批评，没有时间玩，等等； ②生活方面：家里有矛盾，被父母批评，没有钱买喜欢的东西，等等； ③人际方面：长得不漂亮，被人看不起，同伴有冲突，被性骚扰，等等。 程度如何？ ①有点小烦恼，自己还能调整； ②快承受不了了，急需他人帮助。 已经持续多久了？ 是否已经严重影响了你的学习、生活？
第二部分：一般状态	
b1	你觉得你的生活总体来说是怎样的？未来是否有希望？有什么打算？
b2	最近一个月，你有疲劳感吗？如果感觉疲劳，具体有哪些表现？

（续表）

b3	最近一个月，你的睡眠怎么样？（例如：很好、睡眠不足、入睡困难、醒得太早、容易被惊醒、经常失眠、几天没有睡着了）
b4	最近一个月，你觉得学习、作业或者生活方面的压力如何？（例如：很轻松、压力很大、承受不了了）
第三部分：感知与应对方式	
c1	人们往往会议论别人，也会被人议论，旁人（比如同学、朋友、老师、父母等）对你进行评判时，你心里是怎样想的？是否会很不安？能否谈一谈你想到的这个事情及当时的感受？
c2	人总有不顺心的时候，当你不如意、郁闷的时候，你有过以下行为吗？（例如：曾经想要大哭、大声喊叫、砸东西，经常坐立不安，想报复或伤害别人，离家出走，或者死了算了）
c3	在电视、网络上看到自杀事件时，你认为可能发生了什么事情？（例如：那个人可能是压力太大了，那个人可能想报复别人，那个人可能是一时冲动，完全不能理解、不能接受）
c4	你曾经想到过自杀这件事吗？ ①从来没有； ②偶尔会出现自杀想法； ③有时会出现自杀想法； ④经常会出现自杀想法； ⑤这个念头整天萦绕在我的脑中。
c5	你曾经想过结束自己生命的方法吗？（如有，请详细询问） ①没想过； ②想过怎样自杀比较好，但没想过具体细节； ③已制订具体计划； ④曾经尝试过自杀的行为。

（续表）

第四部分：支持系统	
d1	你家里的氛围一般是怎样的？ ①很温暖； ②比较温暖； ③一般； ④不太舒服； ⑤很不舒服。 如不舒服，能否谈一谈具体情况？
d2	你有好朋友吗？ ①没有朋友； ②有朋友但是不太亲密； ③有几个亲密、要好的朋友。
d3	遇到难以解决的困难时，你会主动寻求帮助吗？ 有没有人能够求助？ 身边总有人会主动帮助你吗？ 能否详细举例？

附录5

任课教师家访登记表

教师：_____ 班级：_____ 家访时间：_____

学生姓名		性别		是否为独生子女		是否为四类重点家庭	
毕业学校		家庭地址					
家庭基本情况	家长姓名	联系电话		工作单位			

家访目的：

家访内容记录：

在家访过程中，若发现该生可能存在心理问题，请简单描述该生的情况。（例如从饮食、睡眠、作息、情绪、运动、亲子关系等方面进行描述）

家访后对该生的教育举措：

附录6

家庭教育指导资源

1. 杭州市西湖区教育局推出的和谐心成长热线：0571-88062525。

热线服务时间：每周一至周五 18:00-21:00。

当面辅导时间：周六白天。

当面辅导地点：杭州市西湖区教育发展研究院4楼（文二西路698号）。

2. 杭州市教育局家庭教育指导热线：0571-88825885。

热线服务时间：每周一至周五 18:00-21:00，寒暑假除外。

3. 浙江省家庭教育指导丛书《青春期儿童家长指导手册》电子版，可扫码查看。

《青春期儿童家长指导手册》电子版

4. 之江汇互联网学校（浙江中小学智慧教育平台，网址：www.zjer.cn）"数字家长学校"应用板块含多项青春期儿童家长指导课程，如"2023年浙江省中小学家庭教育微视频"系列讲座在线资源，可扫码查看。

之江汇互联网学校

附录7

高危学生心理动态预警跟踪表

班级		有无六类特殊学生（选择相应选项打钩）	（　）无 （　）转校生 （　）复学学生 （　）特殊家庭 （　）特殊心理 （　）特殊体质 （　）严重网瘾 （　）其他特殊情况＿＿＿＿
学生姓名		性别　　　　　年龄	
是否确诊或用药			
学生目前的状态			
家访了解到该生目前的心理状态及表现			

（续表）

家访后对该生的教育举措		
班主任签名	学校心理辅导站盖章	

备注：在日常班级管理过程中，若发现本班有新增特殊学生，请及时前往学校心理辅导站填写该生情况。

1. 学生目前状态：长期请假（超过1个月）；间断性请假（完全不来或时来时走持续2周或以上者）；休学；带药坚持上学；在校学习，但未进行心理治疗或心理辅导；等等。

2. 家访了解到的心理状态及表现：情绪低落，或紧张焦虑，或冲动易怒；睡眠或饮食异常；精神状态不佳；亲子冲突频发；恐惧人际交往；注意力无法集中；学习动力不足，逃避学习任务；等等。

3. 家访后对该生的教育举措：密切关注该生的异常情况；强烈建议家长带孩子就诊；家长带孩子定期进行医学心理治疗；经常与该生谈心；班干部、心理委员、同伴密切关注该生并提供支持与帮助；为该生营造支持性的班级氛围；等等。

附录8

<h1 style="text-align:center">学生心理辅导档案卡</h1>

为保障咨询双方权益和咨询效果，请认真阅读以下内容：

【责任】承诺向辅导老师表述的信息是近期以来的真实感受，若故意隐瞒或扭曲信息而造成不良后果由本人负责。

【权利】了解辅导老师专业背景和辅导方向，根据个人意愿可提出转介或者中止辅导。

【义务】遵守心理辅导中心相关规定，遵守和执行辅导方案，尊重辅导老师，遵守和珍惜约定的心理辅导时间。

【其他】相互尊重与信任是辅导目标达成的基础；辅导的效果取决于来访者战胜困难的决心和行动力；除来访者可能或已经存在较为严重的心理问题及安全风险外，辅导老师不得向外传播来访者辅导信息。

以上内容已经阅读，完全认同。

来访者签名：＿＿＿＿＿＿＿

＿＿＿＿年＿＿＿月＿＿＿日

来访途径	□主动求助　　□同学建议　　□家长要求 □班主任推荐　□校级部门推荐　□其他老师建议 □心理筛查　　□其他＿＿＿＿＿＿			
姓名		班级	高__（__）班	监护人及电话
性别		辅导老师		班主任
辅导时间	＿＿＿年＿＿月＿＿日（星期＿＿）＿＿时＿＿分到心理辅导中心（具体地址：＿＿＿＿＿＿＿＿＿）进行心理辅导。			
咨询经历	在本次预约之前曾经进行过哪些专业心理求助和身心调养？ □医院就诊　□住院治疗　□心理治疗　□药物治疗　□休学调养 □校外咨询　□以上均无			

（续表）

进入学校以前受教育情况	初中	学校名称： 学业表现自评：□优 □良 □中 □差
	高中（转学生填写）	学校名称： 学业表现自评：□优 □良 □中 □差
进入学校以来学习生活情况	近2周生活	平时：□住校 □走读 □其他 节假日：□住校 □回自家 □亲友家 □其他
	近2周睡眠	[睡眠良好] 5—4—3—2—1—0—1—2—3—4—5 [严重失眠]
	近2周人际关系	[关系良好] 5—4—3—2—1—0—1—2—3—4—5 [非常糟糕]
	近2周躯体状况	[身体健康] 5—4—3—2—1—0—1—2—3—4—5 [非常糟糕]
	学业满意度	[非常满意] 5—4—3—2—1—0—1—2—3—4—5 [糟糕透顶]
	成绩排名	进入学校时年级排_____名，班级排_____名； 最近一次年级排_____名，班级排_____名
本次求助主要问题	□入学适应 □生涯规划 □自我认识 □同学交往 □情绪控制 □亲子冲突 □学习困扰 □师生关系 □异性交往 □考试焦虑 □自卑心理 □家庭问题 □时间管理 □强迫问题 □睡眠问题 □自杀意念 □自我伤害 □其他	

备注：此表的设计以高中生为例。

附录9

学生心理健康状况告知书

尊敬的家长：

　　您好！经了解，您的孩子_____同学（班级：____）在_____（学校）就读期间，表现出明显的情绪、行为异常，各方面具体表现如下：

　　一、情绪状态

　　二、躯体征状

　　二、社会功能

　　四、认知功能

　　五、行为表现

　　六、学习状况

　　七、安全风险

　　……

　　（根据实际情况添加具体描述）

　　学校已启动心理干预三级预防系统（教师关注、辅导老师疏导、学校通知监护人），在本阶段尽到了相应的监管职责。本着对学生生命负责的态度，建议监护人陪同该生定期到专业机构进行复诊和治疗。专业医院的评估对于学校后续给该生提供有针对性的教育环境至关重要，敬请家长重视该生的心理问题，及时就医，并在就医后向班主任和学校心理教师反馈结果。如您有就医或转介至社会专业心理咨询机构获得建议的需求，

学校会给予相应的帮助。感谢您对学校工作的理解和支持！

在该生情绪症状未缓解、自我伤害的意念未消失前，坚持在学校继续学习、留宿，其风险程度会升高，本着对学生生命安全负责的态度，心理发展指导中心建议学生通校，家长监督治疗并给予更多支持和陪伴。请监护人考虑学生是否继续在校学习、留宿，如决定继续在校学习、留宿，则承诺：

（1）每周与班主任沟通孩子的心理状况，定时复诊，家长负责其学生安全；

（2）督促学生遵医嘱服药，积极配合医生治疗；

（3）若孩子在校学习期间出现较大情绪及行为波动，家长立即到校接回并继续就诊、治疗，直至状态稳定；

（4）在校期间，如有任何意外情况发生，家长愿意自行承担相应责任。

监护人意见：

1. 是否继续在校学习：　　　（"是"或"否"）

2. 是否继续留宿：　　　　　（"是"或"否"）

监护人签名：＿＿＿＿＿＿＿

电话：＿＿＿＿＿＿＿＿＿＿

＿＿＿＿年＿＿＿＿月＿＿＿日

附录 10

学生心理问题转介信

姓名		所在学校	
班级		性别	
转介医院		转介日期	
学生基本情况			
心理教师初步评估意见			
转介建议			

签章：

附录 11

心理高危学生多方会谈记录表

学生姓名		班级		性别		年龄	
会谈时间	年　月　日			会谈地点			
参与人员				会谈方式			
会谈缘由							
家校沟通内容记录							
会谈效果							
干预方案							
咨询建议							

附录 12

<h1 style="text-align:center">心理辅导预约卡</h1>

××中学心理辅导来访须知

请在＿＿年＿月＿日（星期＿）＿＿时＿＿分前到心理辅导站（详细地址：＿＿＿＿＿＿＿＿＿）进行第＿＿＿＿次心理辅导，本次提供服务的老师是：＿＿＿＿＿。

有事请联系心理辅导站：×××××××。

来访前请认真阅读如下条款：

（1）请在约定时间前到达心理咨询室进行辅导；

（2）若无法赴约，应提前一天主动告知心理辅导中心老师；

（3）在辅导后你可以决定是否继续下一次的辅导，也可以随时提出中断辅导关系；

（4）辅导约需四十分钟，请提前协调好其他事务；

（5）请珍惜免费辅导机会，迟到 10 分钟自动取消；

（6）除涉及人身安全外，所有辅导信息均保密；

（7）未经同意，绝不进行任何形式的录音或录像；

（8）若遇到提前上课、考试、出差、假日、外出开会等情况造成辅导冲突的，则自动取消预约。

温馨提示：

（1）来访前请认真填写《××中学学生心理辅导档案卡》信息；

（2）来访前请对困扰你的问题进行认真思考和梳理；

（3）不善言辞的同学，建议提前在纸上写好自己发言提纲或问题清单；

（4）非工作时间可拨打杭州市心理热线 0571-87025885 求助（周一至周五 18：00-21：00，周六面对面辅导时间 13：30-17：00）。

附录 13

<h2 style="text-align:center">休学学生家访记录表</h2>

学生姓名		性别		原班级	
家长姓名		联系电话		家访日期	
家庭住址					
家访教师					
家访形式	□线下家访 □线上家访				
家访目的					
学生目前情况描述	了解学生目前的心理状态、就诊情况（复诊、服药情况）和支持系统（家庭氛围、亲子关系、同伴支持等）等信息。				
与家长沟通情况记录					
教师建议					

附录 14
浙江省各地心理危机干预热线

1. 全国统一心理援助热线：12356；

2. 浙江省心理援助热线：0571-85109955，9:00-21:00；

3. 杭州市青少年心理热线：12355，9:00-21:00；

4. 杭州市心理危机干预热线：0571-85029595，24 小时；

5. 杭州市心理热线：0571-87025885，周一至周五 18:00-21:00，周六面对面辅导 13:30-17:00；

6. 宁波市心理热线：0574-87368585，周六、周日；

7. 温州市心理热线：0577-88963861，周五 14:30-17:00；

8. 绍兴市未成年心理热线：0575-85885885，24 小时；

9. 湖州市心理热线：0572-2035512 或 0572-2182267，周六、周日 8:30-11:00，13:30-16:30；

10. 嘉兴市心理热线：0573-82686112 或 0573-83388112，周一、周三、周五 18:30-20:30（寒暑假、法定节假日除外）；

11. 金华市心理热线：0579-8890000，周六、周日 18:00-20:00；

12. 舟山市青少年心理求助热线：0580-12355，24 小时（工作时间有人接听，非工作时间有留言功能）；

13. 丽水市未成年人心理辅导中心：0578-2075676，周一至周五 8:30-17:00；

14. 衢州市青少年服务热线：0570-12355（工作日上班时间）；

15. 衢州市中、高考心理咨询热线：13505707795，4 月中旬至 6 月中旬每周六、周日 18:30—20:30；

16.义乌市青少年心理援助热线：0579-85255444，周一至周五 8:00—11:00，13:30—16:30；

17.宁波市海曙区心理热线：0574-87321890，周六、周日 18:00—20:00；

18.杭州市富阳区心理热线：0571-58837885，每天 8:00—22:00；

19.台州市椒江区心理热线：0576-88316600，周一至周五 8:30—12:00，14:00—17:00；

20.绍兴市上虞区心理热线：0575-82207699，周二、周四、周五、周日 9:00—17:00；

21.绍兴市诸暨市未成年人心理援助热线：0575-87271000，24 小时。

附录 15

浙江省各地专业心理咨询与医疗机构一览表

序　号	医　院	地　区
1	浙江省立同德医院	杭州
2	杭州市第七人民医院	杭州
3	杭州橡树医院	杭州
4	杭州市公安局安康医院	杭州
5	杭州怡宁医院	杭州
6	浙江省立同德医院闲林院区	杭州
7	杭州慈宁医院	杭州
8	桐庐县第三人民医院	杭州
9	淳安康宁黄铎医院	杭州
10	建德市第四人民医院	杭州
11	杭州市富阳区第三人民医院	杭州
12	杭州市临安区第五人民医院	杭州
13	宁波市精神病院	宁波
14	宁波市康宁医院	宁波
15	象山县第三人民医院	宁波
16	宁海同瑞医院	宁波
17	余姚市第三人民医院	宁波
18	慈溪市第七人民医院	宁波
19	宁波市安康医院	宁波
20	宁波奉化奉安精神专科医院	宁波
21	温州市第七人民医院	温州
22	温州康宁医院	温州
23	温州市鹿城区第三人民医院	温州
24	永嘉康宁医院	温州
25	平阳康宁医院	温州
26	苍南康宁医院	温州

（续表）

序 号	医 院	地 区
27	文成安宁医院	温州
28	瑞安市第五人民医院	温州
29	乐清凤凰医院	温州
30	乐清康宁医院	温州
31	龙港安宁医院	温州
32	龙港安康医院	温州
33	嘉兴经济技术开发区心理咨询中心	嘉兴
34	嘉兴市秀洲区康安医院	嘉兴
35	嘉善县第三人民医院	嘉兴
36	海盐县康宁医院	嘉兴
37	海宁市第四人民医院	嘉兴
38	平湖市精神卫生中心	嘉兴
39	嘉兴市康慈医院	嘉兴
40	湖州市第三人民医院（湖州市精神病医院）	湖州
41	浙江省医疗健康集团长兴精神病医院	湖州
42	绍兴市第七人民医院	绍兴
43	诸暨市第五人民医院	绍兴
44	绍兴市公安局安康医院	绍兴
45	嵊州市第五人民医院	绍兴
46	绍兴上虞百信医院	绍兴
47	金华市第二医院	金华
48	金华市安康医院	金华
49	金东康宁医院	金华
50	武义县曾小波精神卫生诊所	金华
51	武义康宁医院	金华
52	浦江怡宁黄锋医院	金华
53	浦江康宁精神专科医院	金华
54	磐安安康精神病医院	金华

（续表）

序　号	医　院	地　区
55	义乌市精神病医院	金华
56	东阳市第七人民医院	金华
57	永康市精神病防治院	金华
58	衢州市第三医院	衢州
59	衢州怡宁医院有限公司	衢州
60	衢州市衢江瑞康医院	衢州
61	常山第三医院	衢州
62	开化第三医院	衢州
63	龙游康宁医院	衢州
64	江山市第四人民医院	衢州
65	舟山市精神病医院（舟山市第二人民医院）	舟山
66	舟山市定海区安康医院	舟山
67	台州康宁医院	台州
68	台州市黄岩区第三人民医院	台州
69	三门康宁医院	台州
70	台州市第二人民医院	台州
71	仙居县第五人民医院	台州
72	温岭市第五人民医院	台州
73	温岭南方精神疾病专科医院	台州
74	临海康宁医院（有限公司）	台州
75	临海怡宁医院	台州
76	丽水市第二人民医院	丽水
77	青田康宁医院	丽水
78	缙云舒宁医院	丽水
79	丽水市第二人民医院遂昌院区	丽水
80	松阳舒宁医院有限公司	丽水
81	庆元安康医院	丽水
82	景宁安康精神疾病专科医院	丽水

附录 16

学生复学心理评估记录表

评估时间		心理咨询师			
姓名		性别		年龄	
概况					
医院证明书内容	1. 诊断意见 2. 证明事项 医疗证明书出具单位： 医疗证明书出具时间：____年____月____日				
心理会谈评估	复学心理会谈评估情况 1. 一般观察 2. 心理状态情况 （1）情绪状况： （2）认知状况： （3）躯体状态： （4）行为方面： （5）社会功能：自伤、自杀风险性： 3. 治疗情况和复诊计划 4. 复学准备情况				
评估结论					
家校沟通					
评估建议					
咨询师签名					

附录 17

针对因心理问题长期请假学生的定期家访情况登记表

为了考试前更好地为重点关注学生提供心理支持和帮助，烦请各位班主任上报本班因心理原因长期请假（连续两周以上）学生的家访情况。

姓名		性别		填表日期		
班级			班主任		家访日期	
家访情况 （该生目前的心理状态及表现，如情绪状态、就诊情况、日常安排、亲子关系、返校意愿等）						
班主任的引导干预情况 （请提醒家长在期末考、学考前后，关注学生的情绪状态，建立融洽的亲子关系）						
班主任签名						

后　记

筑牢生命的心理防线

　　在这个快节奏的时代，学生的心理健康问题日益凸显，抑郁、焦虑、强迫等情绪问题越来越多地出现在校园里，困扰着学生，也影响着一个个家庭。与高校心理危机干预研究和实践的现状相比，在中小学开展心理危机预防与干预工作存在诸多困难，主要包括以下两个方面：第一，缺乏有效的危机预防和干预机制。部分学校的危机预警工作缺乏完善的机制，各部门之间往往只有分工而没有合作，教职工职责不明，各行其是。尤其是班主任，虽在危机预防与干预中扮演着重要角色，却没有真正发挥作用。第二，心理危机预防意识淡薄，相关人员专业素质偏低。部分学校没有配备专职心理教师，有的学校虽配备了专职心理教师，但这些教师没有经过相关的专业培训，缺乏系统的理论支持与技术指导，不能有效地发挥自身角色的优势和职能。基于此，如何专业性地开展中小学校园心理危机预防与干预工作，心理教师和班主任如何做好危机预防与应对工作，学校相关部门应如何协作，高效启动预警机制，以便帮助更多学生，以及采取何种具体的预防措施和实施方法，仍然是我们需要长期探索的问题。

杭州学军中学历来非常重视学生的心理健康教育，早在1998年就设置了心理辅导室，开通了心理热线，开设了心理健康活动课程，并开展了丰富多彩的心育活动。近年来，学生心理危机预防与干预工作成为学校常规心育工作的重点内容。我带领杭州学军中学心理教研组的年轻同事们，从校园心理危机预防的角度重新构建学校心理健康教育体系。我们从中发现了一些从前被忽略的细节，开始着手搭建学校心理危机预警与干预体系，培训教师尤其是班主任，提高他们对学生预警信息的敏感度和对学生预警信息进行判断的准确性，开展心理委员系列培训，组织朋辈团辅，开设"生命教育"课程，开展职业生涯规划教育，提高学生的求助意识，拓展学生的积极人际资源。

在这个并不容易的过程中，感谢杭州学军中学这所高度重视"育人"的学校，它不仅力求将学生托举到最高点，最大限度地促进学生发展，还力求牢牢托住学生，实现最佳的育人目标。还要感谢一直以来为我们提供指导、支持与帮助的领导和同事，他们和我们一起面对了很多复杂的情况，协助我们解决了很多具有挑战性的问题，让我们有勇气和力量一直坚守在这个高压的岗位上，为学生的身心健康保驾护航。

《中小学校园心理危机识别与干预操作实务》的出版恰逢其时。本书内容丰富且涉及面广，有别于枯燥的纯理论学习。全书分为三章，从概念解读到校园心理危机筛查工作方案制订，再到家校医三方合作的干预对策确定，我们有针对性地对日常工作中涉及的危机预防和干预的各个环节阐明操作流程，给出具体建议，并附有相应的工作表单，以期为有需要的同行提供借鉴。同时，本书尤其注重实操技术和典型案例，例如解读重点学生家访工作方案、校内研判会工作方案、多方会谈工作方案等，以协助心理教师、班主任开展相关工作，使本书具有一定的参考价值和实践指导意义。此外，书中还解答了一些与同行交流该项工作时经常被问到的问题，比如"怎么做""从哪里着手""怎么预防""家校如何携手"等。正是因为被重复地问及这些问题，才让我们有意识地对这些问题进行梳理与总结。我们希望此书的出版为更多有需要的一线心理教师、班主任和涉及校园心理危机预防与干预的其他教育工作者提供支持与帮助。

本书是一直在一线从事学生心理辅导工作的教师的经验汇

总，是大家结合日常工作的反思、总结和改进的小结。特别感谢刘玉霞、张颜顺、汪繁妮、陈若华、孙高敏、潘莱珂、邵瑞星、沈佳华老师的积极参与。至今我也不敢说我们介绍的方法是放诸四海而皆准的，因为学生个体和家庭情况的真实性与复杂性远比我们想象的复杂得多。我们写这本书的初衷就是为其他有需要的同行提供参考，使他们不至于像多年前的我们那样孤立无援，遇事两眼一抹黑。如果这本书能对从事校园心理危机预防和干预工作的同行有一点点启发或帮助，或能激发他们的一些思考，我们会备感欣喜，觉得一切努力都值得！

邱许超

于杭州学军中学西溪校区

2024 年 8 月